D1983713

KURT BLÜCHEL

# Schönheit der Natur

## HEIMISCHE PFLANZEN UND TIERE

Ein erlebnisreicher Streifzug durch Feld, Wald und Flur

PENNY VERLAG

Umschlagfoto (Titel): Manfred Mehlig, Endlhausen
Umschlagfoto (Rückseite): Erhard Jorde, Nieder-Roden

Die Reproduktion der Pflanzenzeichnungen aus dem Kosmos-Naturführer »Was blüht denn da?« erfolgte mit freundlicher Genehmigung der Franckh'schen Verlagshandlung, Stuttgart

ISBN 3-921 260-06-X

Redaktion: Gunter Steinbach, München
Wissenschaftliche Beratung: Dr. Thomas Schauer, München
Umschlaggestaltung: Achim Ahrens
Druck: K. G. Lohse, Graphischer Großbetrieb, Frankfurt am Main
Printed in Germany

Geeler Fingerhut

Braun Fingerhut

Das ander braun Fingerhut

Kartendistel

Angelic

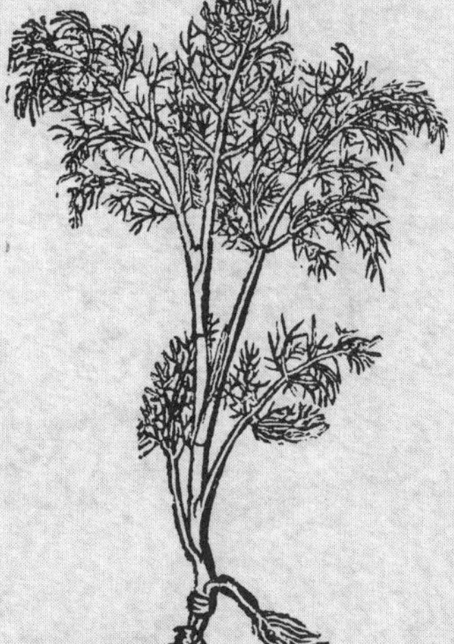
Dill

Blaue Violen

PENNY-BILDBAND

# SCHÖNHEIT DER NATUR

# Vorwort

Unsere Landschaft bezieht ihren Reiz und damit ihren Wert zu allererst aus den Pflanzen und Tieren, die noch frei in ihr leben. Wenn Wildblumen nicht mehr gedeihen oder Tierarten aussterben, wird das Gleichgewicht einer Lebensgemeinschaft oft nachhaltig gestört.

Dieses Buch zeigt anschaulich an alltäglichen Beispielen unserer Heimat, wie pflanzliches und tierisches Leben miteinander verknüpft sind und voneinander abhängen. Ohne in die unerreichbare Ferne schweifen zu müssen, erlebt der Leser, daß unsere Heimat noch immer reich und voller Wunder ist. Es wird ihm deutlich, was wir alle heute und morgen zu verlieren haben, wenn wir diesen Reichtum nicht mit aller Kraft und aller Einsicht schützen.

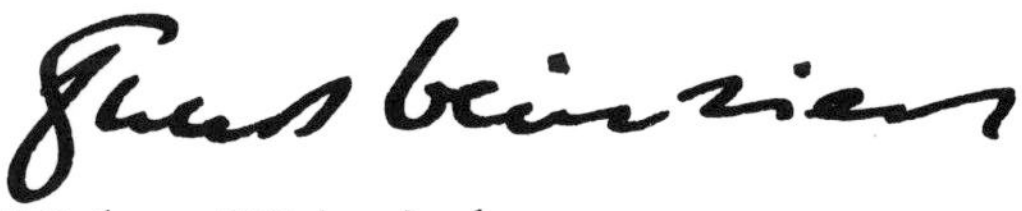

Hubert Weinzierl

Vorsitzender
im Bund Naturschutz in Bayern

# Inhalt

# Die ersten Frühjahrsblüher

Ein schriller Eulenschrei gellt durch das weite Tal. Der leuchtende Osthimmel kündigt einen klaren Frühlingstag an. Noch immer hat der Nachtfrost Eisblumen an unsere Fenster gezaubert, die erst in der Vormittagssonne zerrinnen. Aber vor wenigen Tagen brachte ein milder Westwind das langersehnte Tauwetter. Jetzt kann der Vorfrühling die grauen Altschneereste von Wiesen und Feldern abschmelzen. Für viele Pflanzen beginnt die Zeit ungestümen Wachsens. Die meist niedrigen Frühlingsblumen haben es eilig. Sie müssen blühen, bevor das Grün der Sommerblüher, der Gräser, Büsche und Bäume das kostbare Sonnenlicht abschirmt. Deshalb »schießen« viele Pflanzen in der ersten Sonnenwärme des Jahres förmlich aus dem Boden. Im harten Existenzkampf der Arten haben sie keine andere Wahl.
Ich bin schon vor Sonnenaufgang aus dem Haus gegangen, um nichts, was sich draußen an einem Märzmorgen abspielen kann, zu versäumen. Ausgerüstet mit einem kleinen 6×30-Fernglas, einer Lupe und einer Spiegelreflexkamera stapfe ich in meinen hohen Gummistiefeln durch das aufgeweichte Land.
Die winzigen Reifkapuzen an den Spitzen brauner Hälmchen zeigen sich unter dem Vergrößerungsglas als präzise sechsstrahlige Eiskristalle. Durch den vergilbten Schilfwald am See ziehen noch Nebelschwaden – aber meine Freunde, die *Kiebitze*, sind schon in der Luft. In ihrem gaukelnden Flug aus Bögen und Pirouetten streichen sie manchmal so nahe an mir vorbei, daß ich ihre schwarzen Augen blinken sehe. Mein Belichtungsmesser zeigt, daß es für einen Schuß mit der Kamera noch zu früh ist. Kie-witt, kie-witt – diesem Ruf verdankt der Kiebitz seinen Namen. Vielleicht bin ich in die Nähe eines Nestes geraten. Der taubengroße Vogel in seinem auffällig gezeichneten schwarzweißen Federkleid und dem kecken Federbusch auf seinem Kopf will mich durch seine herausfordernden Flugmanöver offenbar ablenken. Und er hat guten Grund dazu. Kiebitzeier werden leider immer noch in Massen gesammelt, um Feinschmeckern den Gaumen zu kitzeln.
Im Frühling beginnt jeder Morgen mit dem munteren Treiben der Vögel. Ein Pulk *Saatkrähen* rudert quorrend zu den höchsten Spitzen des nahen Buchenwäldchens. Krähen machen sich, wie ihre Verwandten, die *Elstern*, oft als Nesträuber unbeliebt. Wo immer sie in Brutrevieren kleinerer Vögel auftauchen, werden sie in gewagten Sturzflügen attackiert und heftig beschimpft. Auch vierbeinige Raubtiere, wie Füchse oder streunende Katzen, kann der erfahrene Spaziergänger schon an dem auffälligen Benehmen der Brutvögel ausmachen, ohne sie

selbst zu sehen. Aus einer alten Kopfweide am Bach schimpft eine *Sumpfschnepfe*, wegen ihrer Meckerei wird sie auch »Himmelsziege« genannt. Auf rutschigem Steg überquere ich den See an einer schmalen Verbindungsstelle. Vor mir liegen die flachen Auwiesen. An den Grabenrändern leuchtet zwischen den fahlen Altgrassträhnen ein sattes Gelb. Was da wie blankgeputzte Messingknöpfe im Morgenlicht glänzt, sind die üppigen Knospen und Blüten der *Sumpfdotterblume*. Auf kraftvollen Stengeln sprießend, in dicke runde Blätter gebettet, strotzen diese ersten Frühjahrskünder von unbändiger Lebenskraft. Aber es empfiehlt sich nicht, einen Strauß der häufigen und auffälligen Blüten aus der Familie der Hahnenfußgewächse mit nach Hause zu nehmen. In der Vase welken sie nämlich in kürzester Zeit, und nach Stunden schon fallen die lackglänzenden Blütenblätter ab. Dagegen sammelten unsere Großeltern die Knospen und legten sie als Kapernersatz in Essig ein.

Nur sehr oberflächliche Betrachter könnten die Sumpfdotterblume mit ihrer Verwandten, der später blühenden Butterblume aus derselben Familie verwechseln. Die *Butterblume* ist in allen ihren Teilen schwach giftig. Sie wird deshalb auch von Kühen nicht gefressen. Hier im sumpfigen Wiesengrund halten die Sumpfdotterblumen nicht nur die Bachraine und Grabenränder besetzt, sie wagen sich auch handbreit aufs Wasser hinaus und verankern sich mit langen Wurzeln im Uferschlamm. Im Sucher meiner Kamera erscheinen die Blüten vor dem blauen Wasser wie kleine Teichrosen.

Die Natur in ihrer verwirrenden Vielfalt ist zu groß, als daß wir sie auf einen Blick erfassen könnten. Ihre Schönheit in jedem ihrer Teile machen wir uns leicht durch einen kleinen Kunstgriff deutlich: Wir betrachten Einzelheiten durch den Sucherausschnitt unserer Kamera oder durch eine Lupe, die man in der Hosentasche mitnehmen kann.

Bild 1

*Der Kiebitz kann leicht an seinem Federschopf erkannt werden. In Mulden von Wiesen und Äckern legt das Weibchen meist vier gesprenkelte Eier. Die Nahrung des Kiebitz besteht hauptsächlich aus Insekten, Schnecken und Würmern*

Ein berühmter Mann hat einmal gesagt: »In einem Sandkorn sehe ich die Welt und den Himmel in einer wilden Blume«. Jeder kann das nachprüfen, und nicht nur mit einem teuren Fotoapparat. Ein Förster lehrte mich einmal auf einem Sommerspaziergang, immer ein Vergrößerungsglas mitzunehmen. Er betrachtete damit Steine und Blätter, Blüten und Samenkörner, Rindenstückchen und Insekten.
»Aber wie kann man die Welt im Sandkorn sehen?« hatte ich ihn damals gefragt. Er führte mich zu einem Bach und nahm eine Handvoll Sand aus dem klaren Wasser. Unter der 6fach vergrößernden Lupe entdeckte ich zu meinem Erstaunen, daß alle Sandkörner von einem dünnen Wasserfilm umgeben waren, so daß sie einander nicht berührten. »Darum«, erklärte mir der Förster, »wird der Sand vom Wasser nicht zu Staub zermahlen, auch wenn er noch so lange von der Strömung bewegt oder von den Meereswellen hin- und hergetragen wird.«
Inzwischen ist die Sonne über den Horizont gestiegen und die ersten Insekten besuchen die Sumpfdotterblumen. Ohne die Hilfe der Insekten könnten sich die meisten unserer Blütenpflanzen nicht vermehren. Und viele Insekten sammeln ihre Nahrung ausschließlich aus Blumen. Zum Beispiel die *Bienen.* Deshalb sind für die Bienen die ersten Blüten im Jahr ganz besonders wichtig. Blüten wachsen aber nicht nur auf der Wiese, sondern auch auf Bäumen und Sträuchern.
Noch früher als die Sumpfdotterblumen blühen zum Beispiel einige Weidenarten. Ihre Blüten heißen wegen ihres weichen Flaumes, der sie als Schutz umgibt, Kätzchen.
Auf einer etwas höher gelegenen »Insel« der Auwiesen kenne ich einen großen *Salweidenstrauch.* Schon aus vielen Metern Entfernung höre ich das geschäftige Summen der Bienen um die goldgelben Kätzchen. Aber der Strauch sieht arg zerrupft aus. Ich entdecke ganz frisch abgerissene Zweige und deutliche Fußspuren auf der feuchten Erde. Hier ereignet sich jedes Jahr dieselbe Tragödie. Die Salweide ist nämlich als unentbehrliche Futterpflanze für die Bienen gesetzlich geschützt.
Gerade das scheint für viele Spaziergänger ein Anreiz zu sein, die blühenden Salweiden zu plündern und mit diesem ungesetzlichen Schmuck die winterleeren Vasen der Wohnung zu füllen. Sie schaden damit dem ohnehin nicht großen Salweidenbestand und den futtersuchenden Bienen, die um diese Jahreszeit noch kein reichhaltiges Blumenangebot vorfinden.
Ein paar Schritte weiter reckt die *Pestwurz* ihren blattlosen, mit bräunlich-roten Schuppen bedeckten Blütenschaft ans Licht. In einer nach oben gerichteten Traube drängen sich gläsrige Blütenkörbchen in Purpur und Rosa. Sie verströmen einen wohlriechenden Duft. Viel auffälliger als die Blütenstände sind die rhabarberähnlichen Blätter der Pflanze. Sie entwickeln sich jedoch erst viele Wochen später zu fast regenschirmgroßen Hüten und verbergen dann den Bach unter ihrem Grün. Die Blätter der Pestwurz werden in Mitteleuropa von keiner anderen wildwachsenden Pflanze an Größe übertroffen. Noch zu Beginn unseres Jahrhunderts zählte die Pestwurz zu den begehrtesten Heilpflanzen. In alten Kräuterbüchern taucht hin und wieder die Verwendung als Mittel gegen die Pest auf; der eigenartige Name aber deutet sicher auf die massenweise Ausdehnung und das bemerkenswert üppige Wachstum hin. In der modernen Pflanzenheilkunde wird ausschließlich

von der krampflösenden Wirkung der Pestwurz – zum Beispiel bei Husten – gesprochen.

Da aber in dieser Beziehung der *Huflattich* noch besser wirkt, gerät die medizinische Bedeutung der Bachbewohnerin Pestwurz immer mehr in Vergessenheit. Die Huflattichblätter erreichen trotz der nahen Verwandtschaft mit der Pestwurz längst nicht deren Blattgröße. Auf wollig behaarten und geschuppten Stielen erinnern die goldgelben Korbblüten entfernt an den *Löwenzahn*, auch den zweifelhaften Ruf als zähes Unkraut teilen sich beide gemeinsam. Wie bei der Pestwurz schlummern die Blattkeime des Huflattichs während der Blütezeit noch unter der Erde; denn unter dem Schatten der Blattschirme würden die Blüten zu wenig Sonnenlicht bekommen. Eine der unzähligen klugen Einrichtungen der Natur, die immer zuerst darauf bedacht sein muß, Nachwuchs ihrer Geschöpfe zu sichern, die Art zu erhalten. Im Gegensatz zur Pestwurz liebt der Huflattich auch trockene Standorte. Er gehört zu den ersten Frühlingsblüten. Weil er noch »ohne Konkurrenz« anderer Pflanzen und meist in großen Ansammlungen blüht, ist er auf Spaziergängen kaum zu übersehen.

An einigen *Trauerweiden* vorbei, deren gelbe Triebe wie strähniges Haar um die knorrigen Stämme wehen, führt mich mein Weg nun leicht bergan. Hinter mir verklingen die hellen Juchzer der *Kiebitze*. Ein leichter Morgenwind raschelt in den dürren Blättern verkrüppelter Hainbuchen. Aus dem hohen Wipfel einer uralten Ulme erklingt anhaltend heiseres Gurren: *Türkentauben*, die sich in den letzten Jahren invasionsartig über weite – auch dichtbesiedelte – Teile Deutschlands verbreiteten, treiben dort ihre munteren Spiele. Eine klatscht eben wieder hoch zum Balzflug und schwebt dann in weiter Schleife über die Wiesen. Leicht tragen die weitgefächerten Schwingen den sandfarbenen Körper, seidig weiß leuchtet die Unterseite der

Bild 2

*Die Sumpfdotterblume kommt auf feuchten Wiesen, in Mooren, in Auwäldern, an Quellen und Bächen vor. Bereits im April sind die dottergelben, etwa 3–4 cm großen Blüten zu sehen*

*Schneeglöckchen*

*Busch-Windröschen*

*Frühlings-Knotenblume*

*Vogel-Sternmiere*

*Maiglöckchen*

*Schwarzer Holunder*

Schwanzfedern. Die aus Vorderasien zugewanderte Türkentaube brütet in manchen Jahren drei bis vier Gelege von jeweils zwei Eiern aus. Am Wegrand sprießen die unscheinbaren, hellbraunen Blütenhelme des *Ackerschachtelhalms.* Die jungen Pflanzen erinnern mich in ihrer Minarettform an ihre riesenhaften Vorfahren, die vor einigen hundert Millionen Jahren einen Großteil der Erde bedeckten. Die Schachtelhalmwälder jener erdgeschichtlichen Epoche erreichten Höhen bis zu 15 Meter. Aus den abgestorbenen Pflanzenteilen entstand im Laufe der Jahrmillionen unsere Kohle.

Die Schachtelhalme erhalten ihre Festigkeit nicht wie andere Pflanzen aus holzigem Stützgewebe, sondern durch Kieselsäureablagerungen in den mikroskopisch-kleinen Zellwänden. Unsere heutigen Schachtelhalme sind im Gegensatz zu ihren riesigen Vorfahren in den vorgeschichtlichen Sumpfwäldern nur kleine Kräuter. Sie wurden wegen ihres Kieselsäuregehaltes als Topfbesen und zum Putzen und Polieren von Zinngeschirr benutzt (deshalb auch Zinnkraut genannt).

Drüben auf dem dunkelbraunen Acker tuckert ein Traktor, der eine breite Sämaschine hinter sich herzieht. Ein Schwarm *Lachmöven* verspricht sich offenbar hier ein reichhaltiges Frühstück. In scheinbar schwerelosem Flug schweben die Vögel mit der schwarzen Kopfmaske nur knapp über dem feuchten Boden und stoßen nach Larven und Würmern, die von der Maschine zutage gefördert werden. Die Lachmöven haben im Winter einen weißen Kopf mit nur einem schwarzen Punkt hinter dem Schnabel. Das einfache Liedchen der zitronenbrüstigen *Goldammer*, das von einem Telegrafenmast zu mir herunterklingt, hat es schwer, sich gegen das aufgeregte Geschrei der Möwengesellschaft zu behaupten. Ein Trupp bunter *Seidenschwänze*, die auf dem Weg in ihre nordischen Brutgebiete eine kurze Rast eingelegt haben, turnt in den

Bild 3

*Die Salweide, ein 5–10 m hoher Strauch, ist an Waldrändern, in Kiesgruben oder an Schuttplätzen häufig zu finden. Die elliptischen Blätter werden etwa 5–10 cm lang und 2 cm breit; sie erscheinen erst nach der Blüte*

*Birkenzweigen.* Die gelben Würstchen, aus denen die Birke ihren Blütenstaub schüttelt, sind allerdings nicht das rechte Futter für die starengroßen Haubenvögel, die von Beeren leben. Das melodische Flöten der Seidenschwänze, das mir bei meinen Skandinavienreisen schon mehrmals aufgefallen war, ist jedoch nicht wiederzuerkennen: Sie schnarren wie ein ungeschmierter Schubkarren.

Mein Blick fällt beim Weitergehen auf einen himmelblauen Teppich, auf dem ein gutes Dutzend *Erlen* wachsen. Natürlich ist es kein richtiger Teppich, er besteht vielmehr aus einer Unzahl kleiner Blumen, deren Blätter geformt sind wie Leberlappen. Früher wurde das Kraut in der Volksmedizin gegen Leberleiden verordnet – daher der Name *Leberblümchen.* Das zarte Pflänzchen ist eine nahe Verwandte des gelben und weißen *Buschwindröschens* und wie dieses eines der ersten Frühjahrsboten. Ein dünner zottiger Haarpelz an den 6–10 Zentimeter langen Blütenstengeln ist der einzige Schutz vor kalten Winden, Schnee und Regen. Am Abend schließt sich die Blüte und bewahrt die kostbaren Staubgefäße vor den gefährlichen Rauhreifnächten. In knapp einer Woche hat die blaue Herrlichkeit ein Ende, nur die lederartigen Blätter, die Ähnlichkeit haben mit Efeu und an der Unterseite nicht grün, sondern violettblau gefärbt sind, bleiben das ganze Jahr hindurch erhalten. Für die Verbreitung der Art sorgen in der Regel *Ameisen*, die die Samen manchmal bis zu zweihundert Meter weit schleppen. Gottseidank muß man sagen, weil es immer wieder sogenannte Naturfreunde gibt, die das zunehmend seltener werdende Leberblümchen in dicken Sträußen nach Hause tragen, ja sogar die Wurzelstöcke für den Blumenstock auf der häuslichen Fensterbank ausgraben. Da verkümmert die Blume dann bald und kann im nächsten Jahr nicht mehr die Frühlingswiese schmücken und sich vermehren.

In unmittelbarer Nachbarschaft der blauen Sterne des Leberblümchens haben sich hier die quittengelben *Schlüsselblumen* angesiedelt. Ihr wissenschaftlicher Familienname Primula stammt aus der lateinischen Sprache (primus = der erste) und soll auf die frühe Blütezeit hinweisen. Die deutsche Bezeichnung hingegen deutet auf die Ähnlichkeit der Blütendolde mit dem Bart eines Schlüssels oder eines Schlüsselbundes. In feuchten Wiesen wie hier, aber auch in lichten Laubwäldern wachsen die *Primeln,* wie sie vielerorts auch genannt werden, heute noch sehr häufig.

Ihre weithin leuchtenden Blütenköpfe locken schon im zeitigen Frühjahr zahlreiche Insekten an. Der apfelsinenfarbige Schlund der Blüten dient vor allem den *Bienen* als Wegweiser zur Nektarkammer, aus der es süß und ein wenig nach Moder duftet. Auch der *Zitronenfalter*, der taumelnd von Blüte zu Blüte flattert, findet den Tisch schon reichlich gedeckt. Bereits im September vorigen Jahres hatte er zwischen klaffender Eichenrinde Winterquartier bezogen und mit glasspröden Flügeln die kalten Monate in todesähnlicher Starre zugebracht. Erst vor wenigen Tagen haben ihn die wärmenden Sonnenstrahlen zu neuem Leben erweckt. Allerdings sind seine Tage jetzt gezählt. Sobald er seine Eier an Dornbüschen oder im Heidelbeerkraut abgelegt hat, muß er im Frühsommer von der Bühne abtreten und Platz schaffen für den Nachwuchs.

Die wohlige Wärme, die sich heute schon am frühen Vormittag über die Fluren breitet, hat auch den *Hamster* aus seinem langen Winterschlaf aus der Erde gelockt. Der brummige Einsiedler, der tief unter der angrenzenden Weizensaat die frostige Jahreszeit verbracht hat, läßt sich vor seiner Höhle die Sonne auf den struppigen Pelz brennen. Dabei schnuppert er mit seiner rosenroten Nase ab und zu seine Umgebung ab und bringt mit seinen langen gelben

Bild 4

*Der Huflattich gehört an Wegrändern, Dämmen, Schutthalden oder Äckern zu den ersten Frühjahrsblühern. Bereits im Februar erscheinen die 2 cm großen, goldgelben Blütenköpfe, die sich nachts und bei Regen schließen*

Zähnen das arg ramponierte Fell in Ordnung. Schließlich reckt er sich hoch auf, sichert nach allen Seiten und knabbert dann genüßlich an den weiß-gelben Blütenköpfen der *Gänseblümchen* am Wiesenrain.

Durch das Fernglas kann ich ganz deutlich die rötlich angehauchten Blütenblättchen des *Maßliebchens* oder *Tausendschönchens* – so wird das *Gänseblümchen* mancherorts genannt – erkennen. Diese unscheinbare Blume mit der kleinen gelben »Sonne« in der Mitte ist ein richtiger Tausendsassa: Niemand sieht sie kommen, über Nacht sind sie plötzlich zu Tausenden da, nehmen mit dem dürftigsten Rasenstück vorlieb. Wetterhart wie kaum eine andere Blume ertragen sie bei trockener Luft bis 15 Grad unter Null! Sie nutzen aber jeden Sonnenstrahl aus, indem sie sich stets nach der wärmespendenden Lichtquelle drehen. Nicht selten blühen sie noch oder schon wieder zu Weihnachten.

Mit der Genügsamkeit des Gänseblümchens kann sich eigentlich nur der Löwenzahn messen. Seite an Seite stehen seine weiß-gelben Heerscharen überall dort, wo sich der karge Boden nur von wenigen anderen Blumenarten erobern läßt. Der respekteinflößende Name Löwenzahn – viele Leute nennen ihn aber auch Kuh- oder Butterblume – ist lediglich eine bildhafte Übersetzung der scharfgezahnten Blattrosetten, die gern als Kraftfutter an Stallhasen verfüttert werden. In den letzten Jahren kamen die jungen Blattrosetten aber auch als verhältnismäßig teure Salat-Delikatesse auf den Markt. Besonders in Frankreich ist diese Frühlingskost sehr beliebt.

*Der Dompfaff, auch Gimpel genannt, gehört zu unseren farbenprächtigsten Singvögeln und wird deshalb leider gern in Käfigen gehalten. Im Frühjahr bevorzugt der Dompfaff die Blütenknospen der Obstbäume* ▶

Wer solchen Löwenzahnsalat sammeln will, sollte sich vergewissern, daß er die jungen Pflanzen nicht aus einer Wiese sticht (mit dem Messer) wo gerade gedüngt wurde. Manche Leute bereiten sich auch Löwenzahngemüse zu: Man nimmt dazu auch die größeren Blätter, kocht oder dämpft sie mit Butter oder Olivenöl, würzt mit Salz und etwas Zucker oder Essig und garniert das Ganze mit scharf gebratenem Speck. Der beim Durchschneiden oder Abbrechen von Blatt, Stengel oder Wurzel reichlich ausquellende weiße Milchsaft ist übrigens nicht giftig, wie häufig fälschlicherweise angenommen wird. Ebenso wie der Milchsaft des Huflattichs hat zwar auch die Löwenzahnflüssigkeit eine schwach narkotisierende Wirkung; aber das Schlimmste, was nach dem Genuß von Löwenzahn passieren kann: Es beruhigt und macht müde. Freilich ist es trotzdem nicht ratsam, bei chronischer Schlaflosigkeit ein Wasserglas mit bitterer Löwenzahnmilch zu trinken ... Auch wer die kleinen Fallschirme der silbernen Samenkugeln zum Spaß in den Wind bläst, braucht nicht besorgt sein, wenn der aus den abgebrochenen Stengeln heraussickernde Saft die Hände braun gefärbt hat. Tritt er auf Wiesen in Massen auf, so ist er ein lästiges Unkraut, da die Löwenzahnblätter beim Trocknen zerbröseln und nur geringwertiges Heu liefern.

Dort, wo sich der Hamster noch immer seine Backentaschen mit frischem Grün vollstopft, ist jetzt auch Meister Lampe, der *Hase* aufgetaucht. Wie seine zahmen Vettern, die *Stallkaninchen*, mag auch er am liebsten Löwenzahn. Für die zarten Blättchen hoppelt er zuweilen meilenweit und wagt sich sogar in die Gärten am Dorfrand. Vor ein paar Jahren wurde ich eines frühen Märzmorgens vom wütenden Bellen unseres Hundes geweckt. Ich beugte mich zum Fenster hinaus und sah gleich drei – angeblich doch so furchtsame – Hasen unter den Augen des wild an der Kette zerrenden Hundes an jungem Löwenzahn knabbern. Einer der Langohren kam in seinem Freßeifer der Hundehütte so nahe, daß der Schaum des geifernden Hofwächters auf sein graubraunes Fell spritzte.

Geduckt, auf allen Vieren kriechend, versuche ich mich mit meiner schußbereiten Kamera an die beiden Feinschmecker am Rande der Weizensaat heranzupirschen. Vorbei am alten Forsthaus, wo sich seit Tagen die *Forsythiensträucher* wie kanariengelbe Wasserfälle über den Gartenzaun ergießen, gedeckt von ein paar *Schlehen-* und *Heckenrosenbüschen*, schleiche ich mich wie ein Indianer auf dem Kriegspfad auf »Schußweite« an meine »Beute« heran. Der Wind steht gut, es müßte eigentlich klappen. Ich richte mich halb auf, hebe im Zeitlupentempo den Spiegelsucher der Kamera an das linke Auge, stelle die Schärfe auf den mir am nächsten sitzenden Hamster ein und will gerade den Auslöseknopf herunterdrücken – rutsch, ist der kleine Kerl verschwunden. Ich blicke vorsichtig auf, vom Hamster keine Spur. Aber keine zehn Schritte von mir entfernt steht unter einem verkrüppelten Apfelbaum hochaufgerichtet ein *Hermelin.* Weiß wie Schnee leuchtet sein seidiges Fell zu mir herüber. Sekundenlang schauen wir uns gegenseitig an, dann – wie ein weißer Blitz – ist der hübsche Mäusejäger wieder wie vom Erdboden verschluckt. Trotzdem, Mümmelmann hat sich nicht aus der Ruhe bringen lassen. Er frißt und frißt, das Knurpsen höre ich bis zu mir herüber. Gestochen scharf hebt sich sein graubraunes Fell im Sucher von der leuchtendgrünen Saat ab. Klick! Der Schuß hat gesessen. Meister Lampe saust im Zickzack-Kurs in Richtung Wald. Neugierig besehe ich mir die Stelle, wo das große *Mauswiesel* in noch makellosem Winterkleid auf- und wieder untergetaucht war. Zwischen rosaroten Blüten der *Taubnessel* und ein paar behaarten Stengeln der weißblühenden *Vogelmiere* kündet ein Häuflein frische Losung vom weißen Blitz. Geträumt hatte ich jedenfalls nicht. Trotzdem ärgert es mich jetzt, daß ich nicht geistesgegenwärtig genug war, den heimlichen kleinen Räuber zu fotografieren. Aber der wilde Apfelbaum hat eine andere Überraschung für mich parat: Unmittelbar neben dem knorrigen Stamm leuchtet es tiefblau zwischen den grünen Halmen: *Veilchen!* Ich bücke mich weit hinunter und ziehe die Luft in die Nase – ein herrlicher Duft! Im Gegensatz zu seinem helleren und geruchlosen Verwandten, dem sogenannten Hundsveilchen, geht von dem März- oder wohlriechenden Veilchen etwas Geheimnisvolles aus. Das mußten wohl schon unsere frühen Vorfahren so empfunden haben, denn im Altertum wurde dieser dunkelvioletten Blume sogar kultische Bedeutung beigemessen. Den alten Griechen galt sie gar als Totenblume. Unser Veilchen wartet noch mit einer botanischen Besonderheit auf: Mit seinen vielbewunderten ersten Blüten im zeitigen Frühjahr zieht das Veilchen sozusagen nur eine Schau ab. Diesen Blüten nämlich folgt vielfach keine Samenbildung. Deshalb blüht das gewitzte Veilchen etwa im August noch ein zweites Mal, diesmal unscheinbar und bleich, unbeachtet unter den anderen Pflanzen. Diese Blüten »rechnen« auch gar nicht mit Insektenbesuch, vielmehr befruchten sie sich selbst. Die Samen reifen zu kugeligen Kapseln, die später aufspringen und den Samen herausschleudern.

Ein heiserer »Katzenschrei« schreckt mich aus meinen Betrachtungen auf. Hoch oben im Blau ziehen zwei *Bussarde* ihre majestätischen Kreise. Ihre unwahrscheinlich scharfen Augen erlauben es den stolzen Greifvögeln, noch aus einer Höhe von mehr als zweihundert Metern eine Maus zu erspähen. Ich habe schon beobachtet, daß sich ein *Mäusebussard* mit angelegten Schwingen wie

Bild 5

*Das Leberblümchen, eine der ersten Frühjahrspflanzen, blüht etwa von März bis Mai, besonders in Buchen- und Eichenwäldern. Es ist von der Ebene bis hinauf in über 2000 m Höhe zu finden. Die Blüte trägt 6–10 blaue, manchmal auch weiße oder rosafarbene Blütenblätter*

ein Stein aus großer Höhe fallen ließ, knapp über dem Boden mit halbgespreizten Flügeln seinen jähen Sturz abbremste und sich dann blitzschnell auf seine Beute warf – mit einer Behendigkeit, die niemand diesem etwas plumpwirkenden Raubvogel zutrauen würde. Auch diesmal warte ich geraume Zeit, in der Hoffnung, vielleicht einen dieser grandiosen Sturzflüge fotografieren zu können. Aber die beiden patroullieren offenbar ohne Jagdglück über ihrem weiten Revier und denken nicht daran, mir den Gefallen zu tun. Ich gebe schließlich auf und halte nach leichterer Fotobeute Ausschau. Auf einem lehmigen Feldweg erreiche ich bald den Saum eines lichten Fichtenwäldchens, das etwas weiter oben in einen großen Mischwald mündet. Auch hier hat die Sonne schon die ersten Pflanzen zum Blühen gebracht. Die schlüsselblumenähnlichen Blüten des rötlich-blauen *Lungenkrauts* gruppieren sich zusammen mit dem spinnwebig behaarten, gelbblühenden *Kreuzkraut* kranzförmig um einen *Haselbusch* herum. Bereits seit Tagen bilden seine unzähligen gelbbraunen Troddeln einen bevorzugten Sammelpunkt für Bienen und Hummeln aus der Umgebung. Die meisten seiner weiblichen karminroten Blütenbüschelchen, die unmittelbar aus den Zweigen wachsen, sind längst bestäubt. Das hat der Wind besorgt, der den Blütenstaub in gelben Wolken aus den dünnen langen Trauben schüttelt und auf die weiblichen Blüten rieseln läßt. Wenn ich Glück habe, werde ich hier im Herbst gelbgrüne Haselnüsse pflücken können.

Bild 6

*Die Große Schlüsselblume wächst auf Waldwiesen und in Laubwäldern. Ihre hellgelben Blüten erscheinen bereits im März oder April. Die Duftende oder Gemeine oder Arznei-Schlüsselblume (Bild) wächst auf mageren Wiesen und trägt wohlriechende, orangefarbene Blüten*

Ein *Eichelhäher* schlüpft vor mir von Zweig zu Zweig, lauter ungereimtes Zeug vor sich hinschwatzend. Als er mich entdeckt, macht er seinem Ruf als Wächter des Waldes alle Ehre: Er schimpft und zetert, daß auch die letzte Maus in ihrem unterirdischen Verlies gewarnt ist. Nur ein prächtiger *Dompfaffenhahn* behält die Ruhe. In einem breitausladenden *Holunderbusch* lockt er mit dünner Stimme sein Weibchen, das irgendwo in den Fichtenzweigen herumturnt. Wie ein reifer Apfel leuchtet seine rote Brust zu mir herüber. Ein riesiger *Schwarzspecht*, auf-

*Sumpf-Dotterblume*

*Gelbes Windröschen*

*Gemeiner Huflattich*

*Frühlings-Adonisröschen*

*Gemeine Kuhblume*

*Stiefmütterchen*

geschreckt vom Geschrei des bunten Hähers, verschwindet mit schrillem Krikrikri zwischen den Bäumen und hackt bald in respektabler Entfernung an einem mächtigen Fichtenstamm. Das typische »Lachen« des Spechtes bringt nur der ameisenfressende *Grünspecht* hervor.
Groß ist meine Freude, als ich nach Jahren vergeblichen Suchens endlich wieder einmal dem seltengewordenen *Seidelbast* begegne. Abgeschirmt von den grellen Sonnenstrahlen treibt der unscheinbare Strauch seine gelbgrauen Rutenzweige im Halbschatten des Waldrandes. Daß er trotz seiner kahlen Schlichtheit so begehrt ist als Zimmerschmuck, liegt allein an seinen rosaroten, seltsam wächsernen und betäubend nach Mandeln duftenden Blütchen, die büschelweise dicht an den Zweigen sitzen. Beim Seidelbast, der vom Gesetzgeber unter strengen Schutz gestellt ist, geht es mir wie mit dem wohlriechenden Veilchen – etwas Geheimnisvolles strahlt von ihm aus. Nach den Sagen unserer germanischen Vorfahren sollten geflochtene Bänder aus dem Rindenbast dieses Strauches böse Geister bezwingen. Achtung: Die Rinde und die roten Beeren des Seidelbastes sind giftig!
Auf einem morschen Ahornstock hinter dem düsteren Fichtenwäldchen gönne ich mir ein wenig Ruhe. Noch ist der Mischwald unbelaubt und läßt die wärmenden Strahlen der Sonne bis zum Boden dringen, der an dieser Stelle weiß gesprenkelt ist wie ein locker geknüpfter Perlenteppich. Ehe sich das grüne Laubdach wölbt, muß das *Schneeglöckchen* geblüht haben. Als echtes Narzissengewächs ist sein Blattkleid recht sparsam. An schlankem Schaft baumelt eine porzellanweiße Röhrenblüte. Trotzdem ist das Pflänzchen kräftig genug, die oft noch gefrorene Bodenkrume zu durchstechen. Wo dürre Buchenblätter das Emporwachsen hindern wollen, bricht sich das Schneeglöckchen gewaltsam eine Bahn, durchbohrt die braune Decke, bis es schließlich die in seinem Erbgut programmierte Größe erreicht hat. Richtig lustig sieht es aus, wie manche Glöckchen sich ein Buchenblatt wie einen abenteuerlich gebreiteten Kragen um den Hals gelegt haben.

Bild 7

*Der Märzenbecher, ein Zwiebelgewächs in Auen, Wiesen sowie feuchten Laub- und Schluchtwäldern blüht etwa von Februar bis April. Sechs weiße Blütenblätter mit gelber Spitze bilden die glockenförmige Blüte*

Bemerkenswert ist auch die Verbreitung dieser schneeweißen Blumen: An jedem Samenkorn sitzt eine zuckerhaltige Schwiele als Lockspeise für Ameisen. Auf dem Transport in die Ameisenburg legen viele der naschhaften Arbeiterinnen eine kleine Freßpause ein und knabbern ein wenig an der Zuckerbeule. Manches Samenkorn bleibt dann liegen und beginnt an Ort und Stelle zu keimen. Kein Wunder, daß hin und wieder Ameisenstraßen entdeckt werden, die einer Schneeglöckchen-Allee gleichen.
Beim näheren Hinsehen entdecke ich zwischen den schlanken Blütenkelchen der Schneeglöckchen auch ein paar seiner wesentlich beleibteren Verwandten aus der Familie der *Märzenbecher.* Wie ein dickbauchiger Lampenschirm hängen ihre Blüten an den dunkelgrünen Stengeln. Im Gegensatz zum Schneeglöckchen, dessen Kleid aus insgesamt nur drei Blütenblättern drapiert wird, sind beim Märzenbecher – auch *Sommertürchen* oder *Frühlingsknotenblume* – sechs zu einer nach untenhängenden Krone angeordnet, und jede der sechs Zacken ist mit einem gelbgrünen »Edelstein« geschmückt.
Obwohl Schneeglöckchen und Märzenbecher in freier Natur immer seltener zu finden sind, setzen sich jedes Jahr zahlreiche Spaziergänger über alle Naturschutzverordnungen hinweg und stellen gerade diesen ersten Frühlingsblumen nach. Als Jagdtrophäen verständnisloser Naturplünderer wandern seltene und geschützte Blumen oft in dicken Sträußen den traurigen Weg von ihrem natürlichen Standort, wo sie zur Blütezeit viele Menschen erfreuen könnten, über die Blumenvase zum Abfalleimer. Bei den Schneeglöckchen und Märzenbechern werden oft auch noch die Zwiebeln mit ausgegraben und nach Hause getragen. Nach jedem sonnigen Wochenende beobachte ich weggeworfene Blumen an den Wegrändern als stumme Zeugen der Unvernunft und Gleichgültigkeit viel zu vieler Menschen. Wenn es wie bisher weitergeht, werden unsere einst in verschwenderischer Fülle blühenden Fluren um viele Pflanzenarten ärmer sein. Durch die anhaltende Vergiftungswelle bei der Bekämpfung von Insekten sind in den letzten Jahren ohnehin eine Vielzahl für die Bestäubung der Pflanzen unentbehrlicher Schmetterlinge in einem Maße dezimiert worden, daß schon durch ihr Ausbleiben der Bestand mancher Blumen gefährdet scheint.
Bevor ich meinem Schneeglöckchen-Hain den Rücken kehre, schieße ich rasch noch einige Nahaufnahmen. Wer weiß, ob mir im nächsten Jahr dieser wunderbare Anblick noch vergönnt sein wird.

*Der Wald dient heute zur Erholung der Menschen. Er produziert Holz, liefert gereinigte, mit Sauerstoff angereicherte Luft, speichert das Grundwasser und gibt es als Trinkwasser ab. Diese Aufgaben kann er nicht mehr erfüllen, wenn er als Müllkippe mißbraucht wird* ▶

# Pflanze und Tier – eine empfindliche Lebensgemeinschaft

Der *Wildkirschenbaum* hinter unserem Haus steht in voller Blüte, und auf den Feldern blüht sattgelb der *Raps*, aus dessen blauschwarzen Samenkörnern im Herbst wertvolles Öl zur Herstellung von Margarine gewonnen wird. Der pfeilschnelle *Mauersegler* und der zigeunernde *Kuckuck*, die spätesten aller Zugvögel, sind wieder da, und die *Kastanienbäume* prangen mit ihren leuchtenden Blütenkerzen. Die roten Flecken, mit denen die einzelnen Blütenkelche einige Tage nach dem Aufblühen bedeckt sind, haben für honigsammelnde Insekten die Funktion roter Warnlichter: »Stop! Wir sind schon befruchtet. Nektar ist ausverkauft!« *Kohlweißlinge* tanzen über den *Stiefmütterchen* im Garten, schwarzweiße *Schwalben* schießen im Tiefflug über die blumenbestickte Wiese, und an einem verschwiegenen Tümpel weiß ich ein brütendes *Stockentenpaar*. Im weichgepolsterten Daunennest liegen dreizehn Eier, oliv bis hellgrün getönt. Die weißen stark duftenden Blütenscheiben des *Holunders* haben sich geöffnet, rote und gelbe *Taubnesseln* wuchern in den Büschen, und die gelben Sterne des *Windröschens* sehen bereits das Ende ihrer Blütezeit. Schlaff hängen die goldglänzenden Blütenbecher an den dünnen Stielen. Noch eiliger hatten es offenbar ihre weißen Schwestern, die *Buschwindröschen*, die sich mitunter rosenrot und auch hellblau verfärben. Noch vor wenigen Tagen drängten sie sich in solchen Massen um den kleinen Teich, daß es aussah, als habe es geschneit.

Das Rinnsal, das aus dem Tümpel sickert, hat es mir besonders angetan; seit vielen Jahren ist es ein beliebter Aufenthaltsort von *Feuersalamandern*. Am häufigsten bekomme ich sie im Herbst zu Gesicht, wenn diese lackglänzenden, orangegefleckten *Lurche* sich scharenweise aufmachen, in trockenerem Gelände einen warmen Unterschlupf für den Winter zu suchen. Aber bald nachdem der letzte Schnee geschmolzen ist, erscheinen sie wieder da, um ihre Jungen im Wasser zur Welt zu bringen. Im Gegensatz zu den meisten anderen Lurchen, die sich in der Regel durch Eiablage vermehren, gebärt das Feuersalamander-Weibchen lebendige Junge. Die unscheinbar grauen Larven nehmen es bald als freßgierige Räuber mit vielem Kleingetier auf, das in diesem Bach lebt. Bis Mitte August sind sie etwa halb so lang wie ein Mittelfinger geworden. Der Ruderschwanz hat sich gerundet, aber die Kiemen sind verschwunden. Sie haben sich zu Lungenatmern entwickelt. Im Aussehen den Alten schon sehr ähnlich, steigen sie an Land und leben dort ebenso bedächtig und schwerfällig wie diese.

Hier ist ein *Aronstab* zu Hause. Weicher, nährstoffreicher Humus bereitet diesem höchst sonderbaren Gewächs vielerlei Entwicklungsmöglichkeiten. Im März schob die Pflanze, die mich immer ein wenig an die exotische Vegetation tropischer Regenwälder erinnert, bereits ihre großen, pfeilförmigen Blätter an langen Stielen empor, in deren Schutz sich der dunkelviolette Blütenkolben bildet. Ein großes, tütenähnliches Blatt, das auf der Innenseite weiße oder rötliche Farbtöne trägt, dient der Pflanze als Aushängeschild und Lockmittel für willkommene Insekten. Der gesamte Blütenstand des Aronstabs »arbeitet« als gutfunktionierende Fliegenfalle. Der Aasgeruch der Blüte und die aus dem bauchigen Kessel emporsteigende Pflanzenwärme lockt kleine Insekten an, die dem Aronstab bei der Bestäubung seiner Blüten behilflich sein müssen. Damit die Insekten auch das tun, was der Aronstab von ihnen will, bedient er sich eines raffinierten Tricks: Sobald sich eine Fliege auf der glatten Innenseite des einladenden Hüllblattes niederläßt, rutscht sie hinunter in die röhrenförmige »Falle«. Die Innenseite des Hüllblattes ist nämlich glatter als eine Glasscheibe, auf der Fliegen bekanntlich mühelos entlangspazieren können. Eine Reuse aus sperrigen Haaren hindert die Gefangene am Herauskriechen. Allerdings ist es ein recht fideles Gefängnis, das der Aronstab da eingerichtet hat; denn am Grunde der »Tüte« gibt es nektarhaltiges Wasser im Überfluß, und auch die Temperaturen liegen hier um mehrere Grade über der Außentemperatur, die ja bekanntlich auch noch im Mai empfindlich fallen kann. Bei ihrem rastlosen Hin- und Herkrabbeln bestäuben die »Kerkerinsassen« die weiblichen Blütenteile des Aronstabs, denn viele der Gefangenen sind nicht das erste Mal in »Haft« und bringen schon männlichen Samenpollen aus anderen Aronstabblüten in das dämmrige Verlies. Nach ein paar Tagen öffnet der Aronstab schließlich seine eigenen Staubgefäße, und der Pollensegen ergießt sich über die festgehaltenen Insekten. Sobald

Bild 8

*Das gelbe Windröschen, ein Frühjahrsblüher in Auenwäldern und Mischwäldern, kommt meist zusammen mit dem weißblütigen Buschwindröschen vor. Die 1–2 dottergelben Blüten erscheinen etwa von März bis Mai*

auch dieser Vorgang beendet ist, beginnt der letzte Akt, die Befreiung der Gefangenen. Der reusenartige Haarkranz schrumpft ein, die glatte Wand, an der die übertölpelten Besucher heruntergeglitten waren, wird wie durch ein Wunder rauh und damit für die Insekten begehbar. Die Gefangenen gelangen endlich wieder ins Freie – um bald abermals dem für sie so verführerischen Duft eines anderen Aronstabes zu erliegen. Nur wenn dieses Schauspiel in der beschriebenen Form abläuft, kann der Aronstab Samen bilden und sich vermehren.

Viele Insekten, z. B. *Bienen* und *Libellen*, haben einen recht gutentwickelten Gesichtssinn, sie können Farben sehen und unterscheiden, wenn auch nicht in derselben Weise wie wir Menschen. Bienen nehmen sogar das für uns unsichtbare Ultraviolett-Licht (UV-Strahlen) wahr. Dagegen fehlt ihnen erstaunlicherweise die Fähigkeit, Rot zu sehen. Die Blütenpflanzen haben sich vielfach auf die spezielle Sehfähigkeit der für sie wichtigen Insekten »eingestellt«. Sogenannte »Saftmale«, das sind auffällig gefärbte Stellen, dienen den Insekten als zusätzliche Wegweiser zu den Honigkammern der Blüten.

Ähnliche Fälle einer Anpassung der Blüten an bestimmte Insekten sind übrigens recht häufig. Sie tragen also ihre Farben möglichst dick und grell auf. Der auf Äckern und an Wegrändern verhältnismäßig häufig anzutreffende *Wachtelweizen* zum Beispiel, der neben seine blauen und purpurvioletten Blüten noch gelbe »Reklametafeln« aus gefärbten Laubblättern stellt, hat seine weite Verbreitung nicht zuletzt diesem Werbetrick zu verdanken. Und nicht nur der nach verwesendem Fleisch stinkende Aronstab kommt der für unsere menschliche Nase absonderlichen Geruchsempfindlichkeit vieler Fliegen und Käfer entgegen, die liebliche Düfte verschmähen und stattdessen besonders scharfe und aufdringliche Gerüche bevorzugen: Die gelben Blütenstände des steinigen Boden liebenden *Rainfarns* riechen wie Urin, und die im Sommer blühende *Schwalbenwurz* verbreitet Aasgeruch. Bei dieser halbmeterhohen, weiße Blüten tragenden Pflanze trockener, oft sogar steiniger

Bild 9

*Der Aronstab, einer der ersten Frühjahrsblüher (April bis Anfang Mai) ist in feuchten Laubwäldern und Parkanlagen oft zu finden. Die Blüten sitzen an einem schmalen Kolben: oben die männlichen, unten die weiblichen. Die ganze Pflanze wie auch die roten Beeren sind stark giftig*

Böden gerät das nektarsuchende Insekt mit seinem Rüssel in eine enge Spalte, aus der es sich in der Regel nur befreien kann, wenn es die Pollenklumpen mit aus der Blüte zieht. Manche Insekten klemmen sich allerdings ihren Saugrüssel so fest ein, daß sie sich bei ihren verzweifelten Befreiungsversuchen oft tödlich verletzen. Die intimen Beziehungen zwischen einzelnen Blütenpflanzen und bestimmten Insektenarten sind damit noch keineswegs erschöpft. Die in der Dunkelheit blühende *Nachtkerze* zum Beispiel – sie öffnet ihre bis zu 5 cm im Durchmesser großen Blüten abends gegen 18 Uhr, und 12 Stunden später schließen sie sich wieder – verströmt ihren betäubenden Duft, wenn die Taginsekten fest schlafen; Bestäuber sind daher vorwiegend Nachtfalter. Die rotvioletten Blüten des *Löwenmauls*, des *Wiesensalbeis* und der *Taubnesseln* bieten den etwas schwerfälligen *Hummeln* einen sicheren Landeplatz in Gestalt einer weit vorgewölbten Blütenlippe. Etliche dieser Blüten verfügen gleichzeitig über eine Hebeleinrichtung, die unter dem Gewicht des landenden Hummelkörpers Staubkörner von oben auf die bepelzten Insekten streicht. Die Trickkiste der Blüten, die durch Insekten bestäubt werden wollen, scheint unerschöpflich. Der Zutritt zu den zahlreichen Geheimnissen des Pflanzenreiches ist freilich nicht billig; er kostet Geduld, Beobachtungsgabe und die Fähigkeit, stillzusitzen und zu warten. Aber der Lohn sind viele kleine und große Entdeckerfreuden, von denen man vorher keine Ahnung hatte. Und wer die oft reichlich verschlungenen Schriftzeichen in dem großen Buch der Natur zu deuten weiß, wird sich dabei nie langweilen. Im Gegenteil: Wald, Wiesen, Wegränder, Bach- und Teichufer sind eine Bühne, auf der es nicht selten höchst dramatisch zugeht.

Unmittelbar hinter dem Tümpel mit dem Entennest und den Windröschen liegt ein flacher, sandiger Hügel, auf dem in weiten Abständen ein

Bild 10

*Die meisten Ameisenarten sind begierig auf Zucker. Sie stürzen sich daher auf die Blattläuse und regen sie durch Betasten mit den Fühlern (Melken) zu stärkerer Absonderung des begehrten Honigtaus an. Die Ameisen pflegen die Blattlausbruten in eigens dafür gebauten Zuchtställen*

paar uralte Kiefern ihre armdicken Äste ausbreiten. In einem Sandstreifen, der sich halb um den Hügel herumzieht, stieß ich vor ein paar Tagen auf sechs winzige, trichterförmige Vertiefungen, die wie kleine Fallen aussahen. Eine Ameise, welche die unbewachsene Sandfläche überqueren wollte, rutschte strampelnd in eine der Höhlungen. Dort unten zappelte das Tier verzweifelt, ohne jedoch in dem lockeren, feinen Sand Halt zu finden. Plötzlich griffen ein paar lange Beißkiefer aus dem Trichterboden und zogen die Ameise unter die Oberfläche. Nur ein paar leichte Bewegungen im Sand am Grunde der Fallgrube verrieten den für die Ameise tödlichen Überfall eines Wegelagerers unter den Insekten.

Meistens liegen solche 4–5 Zentimeter tiefen Sandlöcher in der Nähe von Ameisenstraßen, und immer wieder geschieht es, daß eine Ameise in diese Trichter stürzt, und in den meisten Fällen versucht sie vergeblich, seine lockeren Wände zu erklimmen. Scheint ihr der Aufstieg aber doch einmal zu gelingen, dann spritzen plötzlich kleine Sandfontänen aus der Tiefe des Trichters und bringen das sich abstrampelnde Tierchen fast immer zum Absturz. Blitzschnell stoßen dann die zwei großen Kieferzangen aus dem Sandgrund, packen die Ameise, durchbohren sie und träufeln zersetzenden Magensaft in ihren Leib. Der technisch begabte Straßenräuber schleudert nach seiner Mahlzeit die leeren Chitinhüllen seiner ausgesaugten Opfer wieder aus dem kreisrunden Trichter heraus. Täter ist die etwa ameisengroße Larve der an eine Libelle erinnernden *Ameisenjungfer*, der sogenannte *Ameisenlöwe*.

Die Jagdmethoden solcher sonderbaren Geschöpfe, die übrigens ihre Todesfallen in den Sand der Sahara so gut wie in den Sand unserer Kulturlandschaft bauen, läßt uns vor dem Wirken der Natur immer wieder tief erstaunen. Der Daseinskampf ihrer Geschöpfe ist oft erbarmungslos. Freilich, nicht immer beherrscht Gewalttätigkeit die Szene. Es gibt auch Beispiele für friedliche Zusammenarbeit, etwa zwischen Ameisen und *Blattläusen*. Drüben in der Birkenallee, die hinüber zum Baggersee führt, verspreche ich mir am ehesten Erfolg für meine Beobachtungen. Wenn ich manchmal an den alten Bäumen vorbeikam, schienen ihre feingezackten, fünfmarkstückgroßen Blätter wie mit Firnis überzogen. Sie glänzten wie grüner Lack und klebten wie Bonbons: »Es ist Honigtau gefallen«, pflegte mein Vater in solchen Fällen zu sagen. Und er muß es schließlich wissen, er ist Imker. Auch heute klebt und glänzt das frische Birkengrün, als hätte es jemand mit Zuckerwasser beträufelt.

Ich ziehe einen der untersten Zweige ganz nahe an mich heran und entdecke an einem dünnen Ästchen eine ganze Blattlauskolonie. Unter der Lupe wimmelt es von winzigen braunen und grauen Tierchen, von fünf, sechs kupferroten Ameisen liebevoll betastet und gestreichelt. Die Blattläuse bohren eine haarfeine Sonde in die saftführenden Gefäße des Zweiges, der infolge des mehr oder weniger starken Drucks, der in dem weitverzweigten Röhrensystem zwischen Wurzeln und äußersten Blattspitzen besteht, Ströme gelösten Zuckers in die Blattläuse »pumpt«. Der Überschuß der nährstoffreichen Lösung tropft als klarer »Honigtau« aus dem Hinterleib der Blattläuse auf die Blätter. Häufig wird die Süßspeise von den Ameisen gesammelt, indem sie die Blätter einfach abschlecken. In vielen Fällen, vor allem dann, wenn der Saft-

*Das Adonisröschen, eine giftige Frühjahrspflanze, bevorzugt lichte Kiefernwälder und trockene, sonnige, steppenartige Rasen. Die leuchtend gelben Blüten, etwa 3–6 cm im Durchmesser, erscheinen im April und Mai*

Bild 11

druck in den Zweigen normal ist und die Blattläuse freiwillig keine Zuckertropfen ausscheiden, bearbeiten die Ameisen ihre »Zuckerkühe« so lange, bis sie für ihre Mühen mit Tropfen des süßen Sekrets belohnt werden. Wissenschaftler haben durch Versuche nachweisen können, daß solche Blattläuse, die dauernd von Ameisen »angeregt« werden, viel mehr Honigtau ausscheiden, als wenn sie nicht unter der Obhut von Ameisen leben. Die Ameisen »bedanken« sich, indem sie ihre ziemlich wehrlosen Honigmaschinen gegen Störungen und Angriffe schützen und ihnen auch sonst sorgsamste Pflege angedeihen lassen.

Ich verlasse jetzt den lehmigen Birkenweg, um die Strecke hinüber zu dem verwachsenen Baggersee etwas abzukürzen. Das hügelige Gelände ist mit kurzem Trockenrasen bewachsen, auf dem verstreut einige *Wacholderbüsche* stehen. Ihre braunen Zweige tragen graugrüne, sehr spitze Nadelblätter, zwischen denen schwer erreichbar die grünblauen Beeren sitzen. Sie brauchen 2 Sommer, um zu reifen. Von alters her würzen die getrockneten Beeren unser Sauerkraut. Aber auch Schnäpse wie Steinhäger und Gin werden aus den Beeren gebrannt. Der Wacholderbusch wächst nur sehr langsam. Deshalb wird sein Holz außerordentlich zäh. Die besten Räucherwaren gewinnen im Wacholderrauch ihren würzigen Geschmack. Die hohen Wacholdersträucher geben der Lüneburger Heide ihr charakteristisches Aussehen.

Plötzlich entdecke ich die recht selten gewordene *Pelzanemone* oder *Frühlings-Küchenschelle.* Die dichtbehaarte Pflanze trägt große lila Glocken, die an der Innenseite gelblich oder weiß angehaucht scheinen. Ursprünglich hieß das giftige Gewächs Kuhschelle; aus der Verkleinerungsform »Kühchenschelle« entstand die heutige Bezeichnung Küchenschelle.

Mit viel Glück finde ich nahe dabei ein paar großsternige Adonisröschen. Gleich gelben Mini-

*Rote Pestwurz*

*Hunds-Rose*

*Gemeiner Seidelbast*

Sonnen liegen die bis 5 Zentimeter messenden Blüten fast auf der Erde, sind aber völlig ohne Duft. Die sehr zart gefiederten Blätter quellen zu üppigen Federbüschen, die der ganzen Blume ihr fremdartiges Aussehen verleihen. Die im Sommer blühende Form des Adonisröschen, auch *Kleines Teufelsauge* genannt, trägt feuerrote Blüten. Der lateinische Gattungsname

Bild 12

*Der Große Buntspecht, etwa so groß wie eine Drossel, ist in unseren Wäldern und Parkanlagen die häufigste Spechtart. Seine raschen Trommelschläge mit dem Schnabel und sein Ruf – ein lautes, hartes »kick, kick« – können kaum überhört werden*

»Adonis« weist zurück auf die griechische Sage: Als der schöne Adonis auf der Jagd von einem Eber getötet wurde, wuchs überall da aus der Erde ein Adonisröschen, wo ein Tropfen seines Blutes auf den Boden gefallen war.

Vom gegenüberliegenden Südhang leuchtet grellgelb der *Besenginster*. Als Besonderheit unserer Pflanzenwelt besetzt das lebenswichtige Blattgrün (Chlorophyll) beim Ginster auch seine Zweige. Dadurch sieht der ganze Strauch wie grünangestrichen aus, und die leuchtend gelben Blüten kommen besonders gut zur Geltung. So sind die geradezu winzigen Blättchen zu erklären, die locker an den scharfkantigen Ruten sitzen und schon im Sommer wieder abfallen. Die Oberfläche dieser Blätter allein würde für die Nährstoffproduktion der Pflanze aus Licht, Luft und Wasser (Assimilation) nicht ausreichen. Die grünen Zweige übernehmen hier also eine Funktion der Blätter. Die rutenförmigen und scharfkantigen Zweige sind nur locker mit geradezu winzigen Blättchen besetzt, aber selbst die legt er bereits im Sommer wieder ab.

Zwei *Rebhühner*, Hahn und Henne, stehen mit gereckten Köpfen am Kleeacker und äugen angespannt zu mir herüber. Diese Vögel führen, wie ich häufig beobachten konnte, ein bemerkenswert inniges Familienleben. Ein Rebhuhnpaar hält meist für sein ganzes Leben zusammen: Auch wenn die Jungen flügge geworden sind, verlassen sie die Eltern nicht, sondern bilden mit ihnen eine Gemeinschaft, die »Kette« oder »Volk« genannt wird. Während der Nacht schlafen die »Familienangehörigen« in einer Art Kreis: Die Köpfe werden nach außen gewendet, so daß etwaige Gefahren aus allen Richtungen rasch bemerkt werden können. Es ist mir tatsächlich nur sehr selten gelungen, diese überaus

nützlichen Insektenvertilger aus nächster Nähe zu belauschen. Vor allem den jungen Hähnen, die auch tagsüber vom Familienoberhaupt zur Wache eingeteilt werden, entgeht keine verdächtige Bewegung. Bei der geringsten Störung fliegt das ganze Völkchen laut schwirrend auf und davon. Mit gutem Grund: Die Rebhühner gehören zu den Delikatessen des jagbaren Wildes, es wird ihnen deshalb viel nachgestellt.
Aber heute habe ich glücklicherweise mein Fernglas dabei: Prächtig leuchtet der dunkelbraune Brustschild der beiden sonst schlicht gelbgrau gefärbten Vögel in der Morgensonne. Plötzlich streichen sie im Tiefflug ab, den rostroten breitgefächerten Schwanz wie ein feuriges Segel ausgespannt.
Sobald man einmal damit angefangen hat, die Welt durchs Fernglas zu betrachten, entdeckt man viele Dinge, die einem mit bloßem Auge immer verborgen bleiben. Man steigt mit dem kreisenden *Mäusebussard* in tiefblaue Höhen auf und glaubt manchmal, ihm eine abstehende Feder glattstreichen zu müssen. Für Vogelliebhaber ist ein Feldstecher natürlich unerläßlich, aber auch andere Naturfreunde wissen seine Vorzüge zu schätzen. Vielleicht möchte man aus der Nähe Bienen bei der Honigsuche beobachten, scheut sich aber, mit dem Gesicht bis auf wenige Zentimeter an das stachelbewehrte Insekt heranzugehen. Besser ist es, drei bis vier Schritte zurückzutreten und sein Fernglas auf die Biene einzustellen. Überraschenderweise sieht man sie dann nicht nur in Lebensgröße, sondern auch sehr viel lebendiger. Das kommt daher, daß die Objektive der meisten Prismengläser weiter auseinanderstehen als die Okulare beziehungsweise die menschlichen Augen. Dadurch wird die plastische Wirkung ganz beträchtlich erhöht.
Ich habe es einmal mit einer *Libelle* versucht, die sich an einer Wasserpflanze niedergelassen hatte. Aus etwa drei Meter Entfernung, durch das 6fach vergrößernde Glas gesehen, nahm sich das Insekt noch schöner, aber auch erschreckender aus als mit bloßem Auge aus einem Abstand von einem knappen Meter.
Auch heute ist mir mein Feldstecher wieder von großem Nutzen. In der höchsten Spitze einer gewaltigen Lärche, deren Nadelkleid im herrlichsten Frühlingsgrün prangt, blinkt es schwarz-weiß-rot: ein amselgroßer *Buntspecht* auf Futtersuche. Im Sommer lebt er hauptsächlich von Insekten, Kerbtieren und Larven, darunter viele Schädlinge; im Winter dagegen stellt sich der Specht zwangsläufig mehr auf vegetarische Kost um: Die Samen von Nadelhölzern bilden dann seinen größten Nahrungsteil. Der Vogel verbringt sein halbes Leben hängend.
Auch jetzt hat er sich in einen zapfenbehangenen Zweig eingehakt, pickt – mit dem scharlachroten Kopf nach unten – mit kräftigen Schnabelhieben erst gegen einen Zapfenstiel, schlägt dann mit halbgeöffnetem Schnabel in die Spitze des Zapfens und dreht ihn gut 20mal heftig hin und her. Schließlich ein Ruck, der Zapfen ist ab. Anschließend klemmt er seine Beute in eine schmale Astgabel und hämmert kräftig darauf los. Vogelkenner wissen, daß der Buntspecht noch ganz andere Kunststückchen zuwegebringt: Wenn ihm ein Zapfen versehentlich hinunterfällt, taucht er wie ein Torpedo mit enganliegenden Flügeln in die Tiefe – und fängt den Zapfen noch in der Luft!
Ähnliche Fangtechniken wendet der Buntspecht bei der Beschaffung der wesentlich größeren Fichtenzapfen an. Seine besondere Vorliebe für die noch nicht einmal hühnereigroßen *Lärchen-*

*zapfen* ist mir schon mehrmals aufgefallen. Denn davon, daß sein rotbuntes Gefieder in dem gelbgrünen Nadelgewirr einer Lärche besonders gut zur Geltung kommt, hat unser emsiger Waldschmied doch wohl keine Ahnung. Die *Lärche* – nicht zu verwechseln mit dem Vogel, der Lerche – gehört zum edelsten Schmuck unserer Wälder. Als einziger Nadelbaum wirft

Bild 13

*Die Mehl-Primel (rosarot) und den Frühlings-Enzian (blau) trifft man in Flachmooren und sumpfigen Wiesen etwa von April bis Mai sowie in den Alpen über 2000 m bis Juni blühend an*

er jeden Herbst seine Nadeln ab, die er, zu feinen, runden Sträußchen geordnet, vom zeitigen Frühjahr an auf seinen zierlichen Zweigen trägt. Wie etwa der *Haselbusch*, der seine Blütenstände lange vor den Blättern hervorbringt, treibt auch die Lärche ihre tiefroten und knallgelben Blütenkätzchen, ehe sich der Baum in seinen maigrünen Nadelschleier hüllt. Forstleute und Waldbauern schätzen vor allem das dauerhafte, harzreiche Holz der Lärche, das im Wasser-, Schiffs- und Möbelbau ähnlich hohes Ansehen genießt wie Eichenholz.

Mit ganz anderen Absichten betrachten Sonntagsspaziergänger vielfach die Lärchenbäume: Im Frühjahr wandern die Zweige wegen ihrer bunten Blütenpracht in die Vase, im Herbst wegen der vielen kleinen Zapfen, die auch an den dünnsten der biegsamen Zweige sitzen. Die Bäume unseres Waldes haben wichtigere Aufgaben zu erfüllen, als Wohnzimmer zu dekorieren. Sie sollen vielmehr Augenweide für alle bleiben, die im Wald Erholung suchen. Gedankenlosen »Strauchdieben« und »Waldräubern« ist wohl selten klar, wie lange ein Baum braucht, um einen blühenden Ast hervorzubringen.

Immer wieder klagen Forstleute nach Tagen mit schönem Ausflugswetter darüber, wie schlecht sich die Leute im Grünen benommen und in welch beklagenswertem Zustand sie den Wald zurückgelassen haben. Zweige und Jungbäume sind abgeknickt, tiefe Runen in die Rinde geschnitzt, Büchsen, Papier und andere Abfälle achtlos weggeworfen. Allein während der Osterfeiertage 1974 wurden in den Wäldern der Bundesrepublik schätzungsweise 50 000 Tonnen Abfall – Tüten, Lebensmittelreste, alte Möbel und Autos – zurückgelassen.

Aber gerade heute, im Zeitalter zunehmender Umweltverschmutzung, sind Bäume unentbehrlicher für unsere Gesundheit als je zuvor, denn wirksamere Luftreiniger gibt es gar nicht. Ihre Blätter – auch die Nadeln der *Kiefern, Tannen, Fichten* und *Lärchen* sind Blätter – nehmen giftige kohlenstoffhaltige Gase auf und geben im Austausch Sauerstoff ab. Eine hundertjährige Buche beispielsweise verbraucht in der Stunde 2,35 Kilogramm Kohlendioxyd und erzeugt 1,7 Kilogramm Sauerstoff. Ein Hektar Buchenwald kann jährlich bis zu 68 Tonnen Staub absorbieren. Baumbestände senken die Radioaktivität der Luft im Jahresdurchschnitt bis zu 44 Prozent. Außerdem bietet der Wald Schutz gegen Wind, Verdunstung und Lärm. Die vielleicht wichtigste Aufgabe des Waldes besteht jedoch in der Regulierung des natürlichen Wasserhaushaltes. Wie schwer sich Sünden gegen den Waldbestand einer Landschaft rächen, davon geben die verkarsteten Bergrücken Südeuropas ein stummes, warnendes Beispiel. Regengüsse schwemmten die haltlos gewordene Humusdecke zu Tal, die Flora der Waldgemeinschaft verschwand – und mit ihr die reichhaltige Tierwelt des Waldes. Wo kein Wald mehr wächst, versiegen die Quellen. Nur noch zu Regenzeiten führen die sonst ausgetrockneten Bachbette Wasser – und dann meist gefährliches Hochwasser.

Die Natur, von der wir alle ja auch ein Teil sind, wird durch die moderne Zivilisation so schwer bedroht wie noch niemals in der bisherigen Geschichte der Erde. Das sinnlose Abreißen von Blumen und anderen Pflanzen mag schmerzlich und in vielen Fällen geradezu erschreckend sein; aber weit schlimmere Feinde für das Gleichgewicht der Natur als die Heerscharen der Sonntagswanderer sind die tiefgreifenden Umweltveränderungen, wie sie in einem alarmierenden Maße durch Kultivierung, Drainage, Flußregulierung und Abwässer hervorgerufen werden. Immer rascher wachsen die Städte, technische Anlagen aller Art drängen hinaus aufs Land, Seen und Wasserläufe werden durch ständig steigende Konzentrationen gefährlicher Chemikalien zu einer ernsthaften Bedrohung von Pflanze, Tier und Mensch. Die Natur wurde vielfach zum Spielfeld egoistischer, kurzsichtiger Interessen. Wir sollten deshalb alles tun, unsere Mitmenschen davon zu überzeugen, daß die Zerstörung der Umwelt auch im kleinen Maßstab eine Sünde ist, die unser aller Leben gefährdet und ärmer macht.

Die Natur schenkt uns ihre Gaben in verschwenderischer Fülle. Nur ihrer unvorstellbaren Lebenskraft und ihrem Anpassungsvermögen haben wir es zu verdanken, daß wir uns an ihren Schönheiten noch immer erfreuen können. Die Sammelleidenschaft vieler Spaziergänger hat zwar schon zahlreiche Pflanzengattungen arg dezimiert; aber die gänzliche Ausrottung seltener Blumen ist auch heute Gottseidank noch immer die Ausnahme. Der *Frühlings-Enzian*, der sich hier seit Jahren am Lärchen-Hügel verborgen hält, wehrt sich gegen seine völlige Vernichtung mit einem simplen Trick: Er blüht zweimal, im Frühjahr und im späten Sommer. Wer je das Glück hatte, die strahlendblauen Kelchblüten auf den kurzen, gedrungenen Stengeln zu entdecken, wird dieses Erlebnis nicht so schnell vergessen. Am frühen Morgen ist die Blüte zwar noch fest geschlossen, öffnet sich aber gegen Mittag tellerartig der hochstehenden Sonne. Mit der ebenfalls selten anzutreffenden Mehlprimel, die wie der Frühlings-

Enzian in den Alpen bis auf 2500 m hinaufklettert, leuchtet er dann um die Wette: Ein Farbenrausch in Himmelblau und Purpurrot. Nachdem der schlanke *Edelmarder* trotz seiner erstaunlichen Schleichkünste gegen den aufmerksamen Buntspecht im hohen Lärchenwipfel das Nachsehen hatte, ist er ganz gegen seine Gewohnheit heruntergeklettert – abgebaumt, wie es in der Jägersprache heißt –, um sich hier nach Jagdbeute umzusehen. Zwischen Enzian und Primeln taucht er plötzlich auf, sein braunseidenes Fell glänzt in der Sonne. Raschelt es da nicht? Der *Marder*, unerbittlicher Gesundheitspolizist des Waldes, wird augenblicklich zum Pfahl. Mit dottergelbem Kehlfleck, schwarzer, feuchter Nase, die vom Jagdfieber zittert, macht er eher einen possierlichen Eindruck. Doch dann – ein mächtiger Satz, ein dünnes Quietschen, und eine fette Waldmaus zappelt in seinen Fängen. Nur selten geht ein Sprung des vom Kopf bis zur äußersten Schwanzspitze 80 Zentimeter langen Tieres ins Leere. Gewandter als das Eichhörnchen, scharfsinniger als sein Verwandter, der Iltis, und zäher als eine Katze, hat der Baum- oder Edelmarder kaum natürliche Feinde. Sein nadelscharfes Gebiß kann einem Hasen ebenso zum Verhängnis werden wie einem *Fasan.* Aber er nascht auch gern von wildem Honig und tut sich an süßen Beeren und Früchten gütlich. Obwohl er in unseren Wäldern kaum ein anderes Tier zu fürchten hat, ist sein Bestand gefährdet. Sein kostbares Fell macht ihn für den Menschen zur begehrten Beute. Zudem scheint es noch immer zu viele Jäger zu geben, die jedes Raubtier in ihrem Revier für überflüssig halten. Eine solche – biologisch falsche – Einstellung brachte in unseren Wäldern Luchs und Bär zum Aussterben und gefährdet das Überleben des Fischotters.

Ein *Eichhörnchen*, das aus sicherer Entfernung und geduckt hinter einem armdicken Kiefernast die Mäusejagd seines grimmigsten Feindes ver-

Bild 14

*Die Einbeere ist eine sehr giftige Pflanze in Auen-, Laub- und Mischwäldern; sie blüht von Mai bis Juli; leicht zu erkennen an den 4 Blättern, die im oberen Teil des Stengels sternförmig stehen* folgt, hat diese Sorgen nicht. Der zierliche Baumakrobat ist der Liebling aller Spaziergänger und sicher das zutraulichste Tier des Waldes. Es macht sich aber auch nicht an *Hasen* und *Fasane* heran, sondern trinkt höchstens mal ein Vogelei. Für mich haben diese rot oder schwarz bepelzten Kletterkünstler auch noch einen praktischen Zweck: Ich konnte häufig beobachten, daß Eichhörnchen bereits Stunden vor Beginn eines Regens unruhig herumspringen und eigenartige Pfeiftöne von sich geben, was sie normalerweise nur in höchster Erregung tun. Seitdem bin ich durch das »Eichhörnchen-Frühwarnsystem« schon einige Male gerade noch trocken heimgekommen.

Wenn sich das Eichhörnchen auf der Kiefer nicht nur wegen des Edelmarders still verhält, habe ich heute jedenfalls von oben keine unangenehme Überraschung zu fürchten. Die Wolkenschiffe, die mit schneeweißen Segeln gemächlich über den Horizont schwimmen, deuten auch eher auf eine länger anhaltende Schönwetterperiode hin. So beeile ich mich, den Baggersee zu erreichen, bevor zur Mittagszeit die Fliegen- und Mückenschwärme in dem feuchten Gelände unerträglich werden. Zwischen den zinnfarbenen Stämmen eines Jungbuchenschlages nicken die weißen Perlen der *Maiglöckchen*. Im Sommer hängen an den gleichen Stellen feuerrote, kugelige Beeren, die so manchem nichtsahnenden Wanderer schon zum Verhängnis geworden sind. Durch den Genuß der appetitlich aussehenden Früchte, aber auch durch das Kauen der dünnen Blütenstiele, werden immer wieder schwere Vergiftungsfälle verursacht. Das zu der großen Familie der Liliengewächse gehörende Maiglöckchen enthält ein starkes Herzgift, das auch heute noch in Medikamenten verwendet wird. Der wuchernde *Bärenlauch* bildet hier im nährstoffreichen Humusboden einen dichten Teppich, der allerdings ziemlich aufdringlich nach Knoblauch riecht. Trotzdem gehören die blendendweißen, üppigen Blütendolden auf den schlanken Stengeln zu den schönsten Zierden des Laubwaldes. Wo der Bärenlauch etwas Platz gelassen hat, haben sich vereinzelt die kerzengeraden Pflänzchen der *Vierblättrigen Einbeere* angesiedelt. Über einem dunkelgrünen Blätterkragen steht die kleine, unscheinbar gelbgrüne Blüte, deren Fruchtknoten zu einer großen, blauschwarzen Beere heranwächst. Die Blüten der Einbeere sind zwar völlig geruchlos und auch farblich keine besondere Attraktion; trotzdem werden sie sehr häufig von kleinen Aasfliegen besucht. Wahrscheinlich halten sie den wie ein dunkles Auge glänzenden Fruchtknoten für eine genießbare Flüssigkeit. Manche Naturfreunde bezeichnen die Einbeere deshalb auch als *Fliegen-Täuschblume.* Auf keinen Fall täuschen lassen sollte man sich im Sommer von der kirschgroßen Beere, die an Giftigkeit den Früchten des Maiglöckchens keineswegs nachsteht.

Ein Vogelkonzert aus Hunderten von kleinen Kehlen erfüllt die feuchtwarme Luft im grünen Halbschatten des jungen Buchenlaubs. Es jauchzt, piept, pfeift und trillert überall. Zaunkönige und Grasmücken, Rotkehlchen und Singdrosseln, Buchfinken und Girlitze versuchen sich mit ihren Liedern förmlich zu übertrumpfen. Tatsächlich verwenden zahlreiche Singvögel ihren Gesang dazu, ungebetenen Gästen oder lästigen Nebenbuhlern lauthals zu verkünden, wer Herr des Reviers ist.

Aus irgendeinem Wipfel klingt das laute Schakern einer *Elster* zu mir herunter, sie selbst aber bleibt trotz ihres auffallenden Gefieders unsichtbar. Offensichtlich fühlt sie sich von einem Trupp gelbschnäbliger Amselmännchen attakkiert, die den verhaßten Nesträuber nicht in der Nähe ihrer Nester dulden möchten.

Wo der Buchenwald in einen lockeren Fichtenbestand übergeht, stoße ich auf die kugeligen Blütenstände der *Akeleiblättrigen Wiesenraute*, deren Staubgefäße nur selten – wie bei den meisten Pflanzen üblich – gelb, sondern meistens intensiv lila gefärbt sind. In ihren Blättern, deren rautenförmiges Aussehen dieser Blume zu ihrem Namen verhalf, ist ein gelber Farbstoff enthalten, der noch im vorigen Jahrhundert zum Färben von Wolle verwendet wurde. Wie bei den Menschen liegen auch die besonderen Eigenarten von Pflanzen nicht immer offen zutage. Ein Blick »hinter die Kulissen« ist oft erst dann möglich, wenn man sich näher mit den Erscheinungen der Natur befaßt.

Freilich, ohne die Anwendung technischer Hilfsmittel ist das oft gar nicht möglich. Selbst eine mehrfach vergrößernde Lupe hilft nicht weiter, wenn man in den faszinierenden Bereich des für das menschliche Auge Unsichtbaren eindringen möchte. Wie etwa die Entdeckung Amerikas oder der Atomkraft galt es als eine Sensation, als vor rund 250 Jahren die ersten Mikroskope entstanden. Und jene Männer, die Erfahrung im Umgang mit diesen wunderbaren Vergrößerungsgeräten hatten, behandelte man damals mit der gleichen Ehrfurcht, die man heutzutage Kernphysikern und Raketenspezialisten entgegenbringt.

Mit zunehmender Leistungsfähigkeit der Mikroskope konnten Naturforscher immer tiefer in die Geheimnisse der Pflanzenwelt eindringen. Und schon bald wurde ihnen klar, daß selbst die unscheinbarste Blume in ihrem Innern einen äußerst komplizierten Mechanismus beherbergt. Der holländische Tuchhändler Leeuwenhoek war der erste Mensch, der unter einem – von ihm selbst gebauten – Mikroskop erkannte, daß die dünne Scheibe eines Pflanzenstengels aus unzähligen aneinanderhängenden Kämmerchen besteht, die der englische Naturforscher Robert Hooke als erster »Zellen« nannte.

Die Zellen sind allerdings so klein – 1000, manchmal sogar 5000 nebeneinander gelegt ergeben erst einen Zentimeter –, daß es ans Wunderbare grenzt, wenn man weiß, welch unheimlich verwickelte Geschehnisse sich tief in ihrem Innern abspielen. Sie enthalten nicht nur eine selbständig arbeitende »chemische Fabrik«, sondern auch alle notwendigen Anweisungen zu ihrer Fortpflanzung, für die Farbe der Blüten und für ihr Wachstum. Es ist sogar festgelegt, zu welcher Zellart sie innerhalb des pflanzlichen Organismus werden: Wurzel-, Rinden-, Blatt- oder Blütenzellen. Man könnte fast sagen, eine solche Zelle hat ihr eigenes Kraftwerk, ihre Direktions- und Ingenieurbüros, ihre Spezialisten und Hilfsarbeiter. Hinzu kommen noch feste Baupläne für die Bildung neuer Zellen, aber auch ganzer Pflanzen mit Millionen oder gar Milliarden neuer Zellen.

Übrigens läßt es sich ganz leicht beweisen, daß in einer einzelnen Zelle die Baupläne und Konstruktionsvorschriften für eine vollständige Pflanze, selbst für einen großen Baum, fix und fertig angelegt sind. Die Eizelle einer Eiche beispielsweise wird nach ihrer Befruchtung – darüber sprechen wir später noch – schließlich zu einem vollständigen Baum. Die Eizelle einer Küchenschelle, die natürlich viel kleiner ist als ein Samenkorn, das selbst wiederum aus zahlreichen Zellen besteht, wird immer eine Küchen-

*Frühlings-Küchenschelle*

*März-Veilchen*

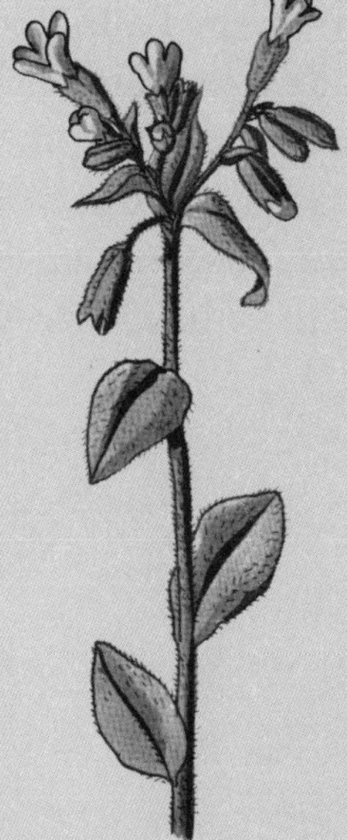

*Echtes Lungenkraut*

*Hohler Lerchensporn*

*Wiesen-Schaumkraut*

*Akelei-Wiesenraute*

schelle, nichts anderes. Noch nie wurde daraus ein Maiglöckchen – weil der Bauplan es nicht zuläßt. Mit einem Bauplan für eine Kaffeemaschine läßt sich schließlich auch kein Staubsauger konstruieren.
Der stark nach Heu und trockenem Kiefernholz duftende *Waldmeister*, den ich neben der *Wiesenraute* und dem gelben *Wald-Goldstern* entdeckte,

Bild 15

*Die Akeleiblättrige Wiesenraute kommt auf Waldwiesen, in Auenwäldern und feuchten Wiesen vor; sie blüht etwa von Mai bis Juni. Die 4–5 hellvioletten Blütenblätter fallen sehr bald ab*

macht da keine Ausnahme. Der angenehme Geruch dieses mit vielen winzigkleinen weißen Blüten geschmückten Waldbewohners ist in jeder seiner Millionen Zellen fest verankert. Wer schon einmal Waldmeister-Bowle getrunken hat, weiß, was ich meine: Der unnachahmliche Waldmeistergeschmack läßt sich selbst bei bestem Willen weder aus *Sumpfdotterblumen* noch aus *Märzenbechern* gewinnen. Übrigens: setzt man eine Bowle mit zu viel Waldmeister an, dann kann das zu Kopfschmerzen führen. Sie werden von einem Wirkstoff hervorgerufen, der erst in der welkenden Pflanze richtig zur Geltung kommt und auch für das Waldmeister-Aroma verantwortlich ist. Der erfrischende Maitrank aus Waldmeister, der weitläufig mit dem Kaffeestrauch verwandt ist, wurde aufgrund dieses Stoffes früher als Arzneimittel zur Stärkung von Herz und Leber empfohlen.
Ich halte es durchaus für möglich, daß man bei einiger Übung selbst mit verbundenen Augen viele Pflanzen bestimmen könnte – weil sie ein charakteristisches Parfüm verbreiten. Der Duft von *Kamille-* und *Lindenblüten* ist sicher den meisten geläufig. Weniger bekannt dürfte es sein, daß die Blätter eines *Wildkirschenbaums*, wenn man sie zwischen den Händen zerreibt, nach einiger Zeit intensiv nach bitteren Mandeln duften.
Harz- und Honiggeruch liegen in der Luft, als ich mich einem *Fichtenhochwald* nähere. Bleistiftlange Jungtriebe tragen die niederen Fichtenbüsche, die sich wie ein zartgrüner, weicher Schal um die rostbraunen Stämme kuscheln. Im graugrünen Trockenmoos stehen neuergrünte *Heidelbeerpflanzen* mit ihren roten Kugelblüten. Wie ein Urwald für Zwerge wuchern sie unter den hundertjährigen Baumkolossen. Winzige,

rotbeschopfte *Goldhähnchen* – die kleinsten Vögel unserer Breiten – hängen wie Federbällchen an niedrigen Zweigen, schwarzgraue *Tannenmeisen* flattern futtersuchend im dürren Geäst.
Durch einen Hochwaldstreifen vor mir schimmert Licht. Da vorne ist endlich die alte Schottergrube. Das Grundwasser hat hier einen kleinen See gebildet. Mannshohes, braunes Schilf vom Vorjahr und kniehohe grüne Schößlinge dazwischen säumen ihn, hin und wieder von dicken *Binsenbüscheln* durchsetzt. Die Sonne spiegelt sich, wo das klare Wasser am tiefsten ist; an den seichten Stellen wuchert der weißblühende *Wasserhahnenfuß*. *Libellen* schwirren auf gläsernen Flügeln, zucken wie von der Sehne geschnellt einmal dahin, einmal dorthin. Prächtig gelb leuchtet der braungeringte Leib der Weibchen, blau der starke Körper der Männchen. Spitzhäusige *Wasserschnecken* kriechen am gelben Sandgrund, schwarze *Posthornschnecken* hängen vereinzelt im Schilf. Ein dicker *Grasfrosch* wirft sich mit jähem Plumps ins Wasser. Ich sehe auf die Uhr: Fast drei Minuten dauert es, bis er wieder hochkommt, um Luft zu schnappen. Ich scheuche ihn wieder unter die Wasseroberfläche. Zwischen Steinen sucht er Deckung. Ich bedrohe ihn absichtlich, weil ich wissen möchte, wie lange er mit seiner Atemluft auskommt. Verängstigt ändert er seine Farbe, paßt sich auffallend rasch dem Grund an. Vier Minuten und zehn Sekunden hält er aus, dann steigt er zum Luftschnappen an die Wasseroberfläche. Es ist wirklich verblüffend, was so ein Frosch leisten kann. Seine Art hat Aufstieg und Untergang der Dinosaurier gesehen und eine Erde, als es noch keine Menschen, Vögel und Schmetterlinge gab. Dünnhäutig und scheu, hat ihn seine grenzenlose Anpassungsfähigkeit dennoch alle Feinde überleben lassen. Er gehört zu den ersten Lebewesen, die das Wasser, die Wiege allen Lebens, verlassen und sich aus urweltlichem Sumpf auf trockenes, in der Frühzeit der Erdgeschichte höchst unwirtliches Land gewagt haben. Als bisher noch nicht geklärtes Naturwunder macht in unseren Breiten vor allem der Grasfrosch von sich reden. Er hat keine laute Stimme, um das Weibchen anzulocken, er kann nur ähnlich einer Katze schnurren. Dennoch treffen sich die Tiere, die viele hundert Meter vom Wasser entfernt in den Wäldern und auf feuchten Wiesen leben, an drei aufeinanderfolgenden Nächten des Jahres pünktlich zur Hochzeit am Laichteich.
In dicken Klumpen schwebt jetzt der glasigwabblige Laichgelee im ruhigen Wasser, tausendfaches Leben bergend. Bald werden die dicken *Kaulquappen* herauswimmeln und später, wenn sie zu kleinen Fröschen geworden sind, an Land gehen. Da hüpft es dann braun und winzig vor den Stiefeln, man kann bei solcher Menge einfach nicht mehr darauf achten, kein Fröschlein zu zertreten. Aber so ist die Natur: Sie läßt das Leben in verschwenderischer Fülle immer wieder neu erstehen, um die Erhaltung einer Art zu sichern. Aber wir haben bereits gesehen, daß selbst dieser Überfluß bei manchen Arten immer noch nicht ausreicht.
An manchen Tagen, wenn frühmorgens der Nebel über den Baggersee wallt, habe ich an dieser Stelle schon öfters den wie mit bunten Edelsteinen bestickten *Eisvogel* beim Fischen beobachtet. Mit seinem langen schwarzen Bajonettschnabel stürzt er sich kopfüber ins Wasser, taucht nach dem erspähten Fisch und fliegt dann pfeilschnell zu seinem Nest. Wenn die Eisvögel

sich Ende März/Anfang April paaren, legt das Weibchen im Mai 6–7 rundliche, glänzendweiße Eier, durch die der rotgelbe Dotter schimmert, in einen mit Fischgräten ausgepolsterten Nistraum, der häufig 50–100 Zentimeter tief in die Uferböschung gehackt ist.

Heute ist von den Eisvögeln keine Spur zu sehen. Lediglich das Grätengerüst eines Weißfisches, das unter dem Stumpf einer vom Blitz gefällten Kiefer in der Sonne bleicht, läßt darauf schließen, daß die bunten Vögel noch in der Nähe sein müssen. Doch ein anderes Schauspiel entschädigt mich um so reichlicher. Am oberen Rand der seit gut einem Jahrzehnt stillgelegten Kiesgrube, dort, wo infolge abbröckelnder Erd- und Gesteinsmassen Lärchen, Buchen und Fichten Teile ihres Wurzelgeflechts haltlos in die Luft greifen lassen, hat sich Fieberklee angesiedelt. Und zwischen den 30 Zentimeter hohen Stengeln mit ihren weißbärtigen Blütentrauben entdecke ich zwei Schlangen. Jede von ihnen mißt gut einen Meter. Hinter ihren Schläfen fallen mir die ziemlich großen, zitronen- bis dottergelben Mondflecken auf, die hinten und vorn von schwarzen Flecken wirkungsvoll hervorgehoben werden. Es besteht kein Zweifel: *Ringelnattern.* Beide Tiere wälzen sich eng umschlungen im grünen Kraut – das aufregende Bild sich paarender Ringelnattern.

Bild 16

*Der Eisvogel ist nur selten und meist beim raschen Flug zu sehen. Wenn er wie ein bunter Pfeil über einem Bach dahinschießt, sieht man nur die metallisch glänzende blaugrüne Oberseite. Unterseite und Wangen sind braun*

Diese völlig ungiftige und in jeder Beziehung ungefährliche Schlange liebt die Nähe des Wassers so sehr, daß man sie fast als eine Wasserschlange ansprechen kann. Die Ringelnatter sonnt sich viel, oft auch auf Bäumen, denn sie klettert genauso vorzüglich wie sie schwimmt und taucht. Sie jagt vor allem Frösche und Kröten, Molche und kleine Fische. Wird sie bedrängt, so rollt sie sich zusammen, bläht sich auf, zischt laut und stößt jäh vor, beißt aber nur selten zu, obwohl ihre Zähne scharf – aber nicht giftig! – sind und sich tief einschlagen können. In der höchsten Not entleert sie ihre Stinkdrüsen und läßt ihren Unrat fahren.

Die weitverbreitete Schlangenangst ist zumindest in unserem Lande weitgehend unbegründet. Gewiß, an der Gefährlichkeit einer *Kreuzotter*

*Der Fieberklee trägt kleeähnliche Blätter und kommt in Sümpfen und Moorschlenken vor. Die bärtigen, weißen Blütentrauben werden 20–30 cm hoch. Früher wurde die Pflanze als Mittel gegen Fieber verwendet*

Bild 17

ist nicht zu zweifeln, nur sollte man nicht so maßlos übertreiben. Genaue Nachprüfungen von Wissenschaftlern haben ergeben, daß nur 1 von 100 aller Kreuzotterbisse tödlich verläuft. Bei Begegnungen mit Kreuzottern heißt es vor allem: Ruhe bewahren! Das Tier wird, wenn es sich nicht in die Enge getrieben oder bedroht fühlt, mit Sicherheit nicht angreifen und verfolgt den Menschen auch nicht. Die Kreuzotter kann im übrigen auch keinen Lederschuh durchbeißen. Wer im Moor oder im Heidekraut nicht gerade barfuß läuft und auf eine Kreuzotter tritt, braucht sich vor der Schlange mit dem Zickzack-Band auf dem Rücken bestimmt nicht zu fürchten. Im Gegensatz zur Ringelnatter ist die Kreuzotter außerordentlich selten geworden. Mit 60–80 Zentimeter deutlich kürzer als diese, meidet sie die Nähe des Menschen und wird meist erst in der Dämmerung munter.
Ich selbst bin in meinem Leben noch nie einer Kreuzotter begegnet, obwohl ich einen Großteil meiner Zeit in freier Natur verbracht habe. Anders ist das mit *Blindschleichen.* Sie zählen gar nicht zu den Schlangen, sondern stellen eigentlich eine völlig harmlose Eidechse ohne Beine dar. Da sie trotzdem sehr häufig als »Giftschlange« verfolgt wird, ist sie in manchen Gebieten Deutschlands nahezu ausgerottet. Wie die meisten Eidechsenarten macht sich auch die Blindschleiche als Insektenvertilger außerordentlich nützlich.
Die *Zauneidechse*, die ich vor ein paar Tagen auf einem mit graugrünen Flechten bewachsenen Felsbrocken in der Nähe des Baggerlochs antraf, verhielt sich auf die gleiche Weise. Ihre Rückenseite leuchtete lebhaft grün, dazwischen verlief ein dunkelbraunes Längsband; ich wollte mir ihr Schuppenkleid unbedingt unter der Lupe betrachten. Ich schlich mich vorsichtig heran, sie guckte mich an, ich guckte sie an, aber sie rührte sich nicht von der Stelle. Nur der kleine Kehlsack hinter dem Kopf blähte sich rhythmisch

ein wenig auf und fiel wieder zusammen. Blitzschnell faßte ich zu und hielt sie am Schwanzende fest. Aber im selben Augenblick, da ich versuchte, das kleine Tier hochzuheben – ein kräftiger, schlängelnder Ruck, und die Eidechse stürzte kopfüber ins Heidelbeerkraut. Weg war sie, und mir blieb nur ein Stück von ihrem Schwanz.

Bild 18

*Den Wurmfarn trifft man in Wäldern, an Hecken und auf feuchten Felsen häufig an. Die im Frühjahr schneckenförmig eingerollten jungen Wedel strecken sich zu 50–150 cm langen, grünen, gefiederten Blättern*

Die Bruchstelle zwischen Schwanz und Körper ist vorprogrammiert: Bei Gefahr wirft das Tier den Schwanz durch ruckartiges Zusammenziehen bestimmter Muskeln ab. Blutverlust oder Schmerzen treten dabei kaum auf, der Schwanz wächst nach kurzer Zeit wieder nach, allerdings nicht bis zur ursprünglichen Länge. Vorprogrammiert scheint mir auch das Kampfritual der Eidechsenmännchen: Das eine Männchen packt seinen Rivalen mit einem energischen, aber unblutigen Biß am Nacken und hält ihn eine Weile in dieser unangenehmen Lage fest. Das gebissene Tier wartet indessen geduldig und ohne sich zu sträuben, bis der Biß in seinen dicken Schuppenpanzer gelöst wird. Dann ist der andere mit dem Nackengriff an der Reihe, und so geht der Wettkampf abwechselnd hin und her, bis eines der beiden Tiere genug hat und sich dem weiteren Spiel durch die Flucht entzieht.

Die Sonne hat ihren höchsten Punkt noch nicht erreicht, und doch sengen ihre Strahlen wie durch ein Brennglas. Durch ein Fußbad am Seeufer verschaffe ich mir etwas Kühlung. Mein Patschen im seichten Wasser scheucht eine *Bachstelze* aus ihrem schattigen Versteck hinter einer Kopfweide hoch. Im bogigen Flug flitzt sie an mir vorbei und schaut dann interessiert vom Grubenrand herunter. Der Kontrast ihres Gefieders – samtschwarz, schneeweiß und taubenblau – hebt sie von ihrer grün-braunen Umgebung deutlich ab. Der Blick durchs Fernglas ist ein optischer Leckerbissen. Hätte ich nur mein Teleobjektiv mitgenommen! Aber ich weiß ja, wo das Bachstelzenpärchen sein Nest gebaut hat. Und so tröste ich mich damit, daß ich noch etliche Wochen Zeit habe, einen guten Fotoschuß anzubringen. Auch der Bachstelze dauert es schließlich zu lange: Sie läuft weit ausschreitend ein paar Meter an der steilen Böschung entlang, pickt einmal nach links und einmal nach rechts und verschwindet zwischen den hängenden Blüten der roten *Bach-Nelkenwurz*, die an einigen Stellen fast bis ans Wasser herantritt. Die Blüten der mit unseren Rosen verwandten Pflanze, deren Wurzeln stark nach Nelkenöl duften, sind besonders reich an Nektar. Da aber viele der kurzrüßligen *Erdhummeln* nicht nahe genug an die gefüllten Honigkammern gelangen können, beißen sie die nickenden Blüten oftmals von oben an.

Die erfrischende Wasserkühle hat meine in der Hitze müde gewordenen Lebensgeister wieder munter gemacht. Da ich bis Mittag noch etwas Zeit habe, gehe ich einen kleinen Umweg, der mich an der alten Mühle mit dem riesigen Wasserrad vorbeiführt. Die haarigen Stengel der *Roten Lichtnelke* haben hier in der Niederung dichten, hohen Rasen gebildet, durchsetzt von den rosaroten Blütenähren des gut meterhohen *Schlangen-Knöterichs.* Wo die Rote Licht- oder Nachtnelke mit ihrer weißen Schwester zusammentrifft, kommt es nicht selten zu hübschen Bastarden, die leuchtend rosa blühen. Da aber die rote Form von Taginsekten, die weiße dagegen vorwiegend von Nachtinsekten besucht wird, wird die rot-weiße Mischung sowohl von Bienen und Hummeln als auch von Nachtfaltern bestäubt.

Am Bachufer steht das kurze *Milzkraut;* seine kantigen Stengel brechen leicht, die winzigen gelben Blütendolden liegen gleich goldenen Körnern auf den nierenförmigen Blättern. Auch die *Gefleckte Taubnessel* fühlt sich hier wohl. Sie verdankt ihren Namen den dunklen Flecken auf ihren purpurroten Blüten. Die Familie der Taubnesseln gehört nicht zu den sogenannten schönen Blumen. Ihre Nesseln brennen zwar nicht – sie sind taub – aber ihren Blättern fehlt der Glanz und ihre Blüten sitzen versteckt und recht unscheinbar in den Achseln der alles andere als wohlriechenden Blätter. Trotzdem sind die Taubnesseln von langrüsseligen Hummeln und bunten Tagfaltern als Nektarspender sehr begehrt. Sie reihen sich damit ein in die lange Reihe der ausgesprochenen Hummelfreunde, eine Blumenliste, die vom blauen Wiesensalbei, dem gelben Besenginster, dem *Roten Fingerhut* und vom weißen Steinklee angeführt wird.

Am auffälligsten leuchten jetzt die goldenen Blütensterne des Scharbockskrauts am Bach. In saftiggrünen Teppichen säumen die herznierenförmigen Blätter das kristallklare Wasser. In den Blattachseln sitzen gerstenkorngroße Brutknöllchen, mit deren Hilfe sich dieses Hahnenfußgewächs auch fortpflanzen kann. Nach einem heftigen Gewitterregen, der den Bach zuweilen überlaufen läßt, werden manchmal die körnerartigen Knöllchen des *Scharbockskrauts* in flachen Vertiefungen der Uferböschung zusammengespült. Die Körner, die dadurch in großen Mengen auftreten können, haben einst die Sage vom Getreideregen verursacht und dem üppig wuchernden Kraut die Bezeichnung *Himmelsgerste* eingetragen. Der Name Scharbockskraut erinnert an die früher allgemein übliche Verwendung der Pflanze als Heilmittel gegen Skorbut, eine Krankheit, die durch einen Mangel des lebensnotwendigen Vitamins C hervorgerufen wird. Tatsächlich konnte durch wissenschaftliche Untersuchungen in neuerer Zeit einwandfrei der relativ hohe Gehalt an Vitamin C in den Blättern nachgewiesen werden; ihr Genuß als Frühlings-Salat ist allerdings nur dann unbedenklich, wenn die Blätter vor der Blütezeit der Pflanze gepflückt werden. Während und nach dem Blühen entwickelt sich in den langgestielten Blättern ein brennend scharfschmeckender Stoff, der auf den Menschen giftig wirkt. Auch die oft massenhaft angeschwemmten Brutknöllchen enthalten diese giftige Substanz und dürfen deshalb auf keinen Fall gekaut werden.

Selbst die robuste *Wasseramsel*, die hier ihr Revier hält, verschmäht die falschen »Gerstenkörner«. Die weißkehlige *Bachamsel* ist der einzige europäische Singvogel, der sich zum reinen Wasservogel entwickelt hat und seine Nahrung unter Wasser sucht. Außerdem gilt sie neben dem Zaunkönig als der einzige Sänger des Winters. Sie taucht aus dem Flug auf den Grund des Baches und sucht sich dort, mit gespreizten Flügeln gegen den Strom laufend, Wasserinsekten und gelegentlich auch einen kleinen Fisch. Im nächsten Moment kann sie aus dem Wasser hervorschnellen und sich auf vorüberfliegende Insekten stürzen. Ihr Nest baut sie gern unter Brücken oder an Ufersteinen hängend. Der kunstvolle Bau stellt eine geschlossene Kugel dar mit einem kleinen Einflugloch. Auch hierin gleicht sie dem Zaunkönig, der sein Nest ganz ähnlich baut – aber natürlich viel kleiner.

Waldeinwärts haben die stattlichen Wedel des *Wurmfarns* mächtige Bollwerke errichtet, die manchmal sogar von Rehen gemieden und respektvoll umgangen werden. Uralt ist das Geschlecht der Farne, die in grauer Vorzeit zusammen mit den Schachtelhalmen riesige Wälder bildeten. Im Vergleich zu den gewaltigen Riesenfarnen jener unvorstellbar weit zurückliegenden Epoche sind ihre heutigen Nachkommen, obwohl immer noch stattlich genug, eher zierlich zu nennen. Die langen, feingliedrigen Blätter brauchen Jahre, ehe sie sich entrollen und spreizen. Beim Wurmfarn erhebt sich das Blatt erst im dritten Jahr aus dem feuchten Waldboden; eingerollt, an langem Stiel erinnert die junge Pflanze an einen Bischofsstab. Auf der Unterseite der gefiederten Blattwedel erscheinen im Juni kleine grüne Kapseln, die sich später braun färben, aufplatzen und schwarze Sporen ausschleudern. Aus diesen Sporen entwickelt sich später, wie aus dem Samen anderer Pflanzen, die Vorstufe eines neuen Keimlings.

Ebenfalls aus Sporen zieht der in enger Nachbarschaft mit dem Wurmfarn lebende *Kolbenbärlapp*, auch *Schlangenmoos* genannt, seine Nachkommenschaft. Die immergrüne, moosartige Pflanze beherbergt ihren Sporenvorrat jedoch nicht an der Unterseite ihrer in ein langes weißes Haar auslaufenden Blättchen, sondern trägt sie in einer rotbraunen, an langem Stiel hängenden Keule, die sich wie leuchtende Laternen über das Moospolster erheben. Der gelbe, mikroskopisch feine Sporenstaub wird in manchen Landstrichen Deutschlands noch heute als Wundpuder verwendet. Im Volksmund heißen die gelben Wolken, die der Spaziergänger aufwirbelt, wenn er durch eine Kolonie Bärlappgewächse tritt, Hexenmehl. Früher wurde der leicht entzündbare, ja explosive Sporenstaub bei Theateraufführungen als Blitzlicht verwendet. Das Sammeln der ährenförmigen Sporenträger zur Gewinnung der Sporen hätte damals die Bärlappgewächse beinahe zum Aussterben gebracht.

# Hoch-Zeit im Blumenjahr

Die Natur feiert ein rauschendes Farbenfest: Gelb und Rot, Blau und Weiß, Lila und Purpur. Atemberaubende Blumenschönheiten konkurrieren mit verwirrenden Düften und köstlichem Nektar um die Gunst ihrer bunten Verehrerschar aus dem Insektenreich. Das Pflanzenjahr strebt seinem Höhepunkt entgegen. Und ich möchte dabei sein.

Es ist ein sonnendurchglühter Junitag. Noch hängen glitzernde Taukugeln an den Gräsern, aber die Hitze saugt schon salzig schmeckende Schweißtropfen aus meiner Haut. Der schmale Feldweg, der mich hinunter in die feuchten Auwiesen führen soll, ist kaum wiederzuerkennen: Seine sonst so tristen Ränder haben sich geschmückt, als gelte es, einen hohen Staatsbesuch gebührend zu empfangen. Unwillkürlich bleibe ich stehen, die Pracht zu bewundern.

Weißer noch als die blanken Kieselsteine zu meinen Füßen leuchten die weißen Blütenkränze der *Echten Kamille*, die den süßlich-herben Duft reifer Äpfel verbreiten. Das starke Parfüm rührt von einem in allen Teilen der Pflanze, besonders aber in den Blütenköpfen enthaltenen Öl dunkelblauer Farbe her, das krampf- und schmerzstillende Eigenschaften besitzt. Da es jedoch nur in äußerst geringen Spuren vorkommt, ist es kostbarer als das teure Rosenöl. Seit uralten Zeiten hat sich die Kamille als wirksames Hausmittel behauptet. Vor allem bei der Behandlung von Wunden ist die stark beruhigend wirkende Pflanze zu einer fast unentbehrlichen Helferin geworden, die Entzündungen lindert, Vernarbungen fördert und Vereiterungen heilt. Nicht grundlos bedeutet der lateinische Name der Echten Kamille »Pflanze der Mütter«, denn ihre heilende Wirkung hat diese Blume mit den herabhängenden weißen Randblüten vor allem bei Frauenkrankheiten tausendfach erwiesen. Bei der Geruchlosen- oder Hundskamille sind die Blütenblätter stets schräg nach oben gerichtet.

Noch weiter vor auf den steinigen Weg drängen die gelben Polster des *Mauerpfeffers. Scharfe Fetthenne*, wie man ihn auch nennt, deutet auf den beizenden Geschmack hin, der von einem Gift hervorgerufen wird, das sich besonders in den kriechenden Stengeln und den dicken, fleischigen Blättern konzentriert. Obwohl sich die Pflanze den trockensten und härtesten Boden als Standort gewählt hat – sie gedeiht genauso prächtig auf den kargen Mauern bröckelnder Ruinen –, prangt sie über und über von fünfzackigen goldenen Blütensternen und führt in ihren grünen Teilen ungewöhnlich reiche Saftströme. Um das Maß üppigen Wachstums auf so ärmlichem Boden vollzumachen, sondert der Mauerpfeffer auch besonders viel Honig ab, der

fast allen nektarschlürfenden Insektenarten leicht zugänglich ist.
Jeder Blumenfreund, der einmal versucht hat, die Scharfe Fetthenne für das Herbarium zu trocknen, weiß von der erstaunlichen Zähigkeit ein Lied zu singen: Die Pflanze lebt oft noch wochenlang zwischen dem trockenen Löschpapier weiter, blüht und bringt sogar noch ihre

Bild 19

*Die Echte Kamille wächst auf Getreidefeldern, an Wegen oder Schuttplätzen; manchmal wird sie angebaut. Sie blüht von Mai bis Juli, wird bis zu 40 cm hoch und verströmt den typischen, würzigen Kamillengeruch*

Früchte zum Reifen; sie ist durch die Pflanzenpresse, die andere Blumen sofort sterben läßt, kaum zu besiegen. Auch dem Winter gelingt es nur selten, die grünen Zweige des Mauerpfeffers abzutöten; sie nehmen lediglich nach hartem Frost eine etwas rötliche Farbe an, wuchern aber lustig weiter. Kein Wunder, daß diese Pflanze schon bei den alten Griechen und Römern als »Immerlebende« Blume bezeichnet wurde. In südlichen Ländern Europas macht man sich die ausdauernde Zählebigkeit der Fetthenne als Liebes- und Glücksorakel zunutze. Junge Eheleute stecken einen Zweig der Pflanze in eine Mauerritze ihres Hauses und verknüpfen mit dem Gedeihen ihr eigenes Glück. Ich glaube, daß man schon sehr ungeschickt verfahren muß, wenn das genügsame Gewächs nicht gedeihen soll.
Wesentlich zarter, meist unter überhängenden Grasbüscheln versteckt, erscheinen die verhältnismäßig großen, kleeblattförmigen Blüten des allerdings auch recht genügsamen *Acker-Hornkrauts.* Die weiß bis hellgelb blühende Pflanze liebt ähnlich wie der Mauerpfeffer trockene, kalkhaltige Böden und ist auch mit Mauernischen zufrieden. Da sie mit einem dichten Haarkleid umgeben ist, vermag sie zumindest kürzere Trockenperioden schadlos zu überstehen.
In die zweite Reihe der freundlichen »Wegelagerer« schiebt der rauhhaarige *Reiherschnabel* seine gefleckten Purpurblüten über die braunen, gelben und grünen Halmwälder der Graswildnis. Die Schnabelform seiner Früchte hat ihm zu seinem ausgefallenen Familiennamen verholfen.
Noch bemerkenswerter ist beim Reiherschnabel und seinen zahlreichen Verwandten die Verbreitung der Samen, die mit je einer spiralig aufgerollten Granne unter Spannung in die

*Acker-Hornkraut*

*Acker-Hundskamille*

*Weiße Wucherblume*

*Echte Kamille*

*Gemeine Schafgarbe*

Frucht gepreßt sind. In einem bestimmten Reifestadium löst sich diese Spannung schlagartig, und die Samen werden bis zu 250 Zentimeter weit herausgeschleudert. Da die Samengrannen behaart sind, können sie sich leicht im Haarkleid von Tieren verfangen und werden so weit verbreitet. Fallen sie auf den Boden, bohren sie sich wie ein Korkenzieher schraubenförmig in das Erdreich. Dieser Mechanismus kommt zustande, indem die sich ständig ändernde Luftfeuchtigkeit drehende Bewegungen der Grannenspirale bewirkt.

Wie kommt es eigentlich, daß auch andere Pflanzensamen »wissen«, in welche Richtung sie ihre Wurzeln und Stengel wachsen lassen müssen? Schließlich fällt ein Samen zur Erde, ohne daß es ihm bewußt wird, ob er richtig oder verkehrt herum liegt. Für das Pflanzenbaby ist es aber lebenswichtig, daß es seine Wurzeln zur Nahrungs- und Wassersuche in das Erdreich, seinen Sproß zum Einfangen der Sonnenstrahlen nach oben ins Licht schickt. Wissenschaftler haben durch verschiedene Versuchsreihen herausgefunden, daß die Schwerkraft der Erde dabei den Ausschlag gibt. Sie pflanzten einen Samen und ließen ihn in völliger Dunkelheit keimen; nach einigen Tagen wuchsen – wie erwartet – die Würzelchen nach unten und der winzige Schößling nach oben. Dann steckten sie den ausgeschlagenen Keimling verkehrt herum in die Erde, und siehe da, nach kurzer Zeit schon drehte sich die Wurzel wieder nach unten, der Sproß aber nach oben.

Ist der Trieb erst einmal ein Stück aus der Erde heraus, spielt bei seiner weiteren Entwicklung natürlich das Licht die entscheidende Rolle. Einige Blumen strecken ihre Blütenköpfe der Sonne voll entgegen und drehen sie immer mit. Bei der rosablühenden *Weg-Malve* oder *Käsepappel*, die sich ebenfalls nahe an den Rand des Feldweges drängelt, richten sich sogar die Blätter nach dem Licht. Wenn der Schatten eines Baumstamms auf die Pflanze fällt, stoppt die Drehbewegung ab; aber nach der »Verdunkelung« wandern die Blätter sofort wieder der Sonne nach. Im Lauf der Nacht drehen sich die Malvenblätter wieder in ihre Ausgangsstellung für den Morgen zurück.

Scheu und zurückhaltend blicken die hellblauen, von dunklen, feinen Adern durchzogenen Blüten des vornehm wirkenden *Gamander-Ehrenpreises* aus dem Pflanzengeflecht am Wegrain. Er ist der Träger allen Ruhmes, den das über die gesamte nördliche Erdhalbkugel verbreitete Geschlecht der Ehrenpreise vor allem in der dichterischen Blumensprache genießt. Da bei allen Arten die zartgestielten Blüten schon bei der geringsten Erschütterung abfallen können, hat man ihnen sinnigerweise auch den Namen Männertreu gegeben.

Ich finde es eigentlich recht merkwürdig, daß die Menschen den Blumen zwar sehr zugetan sind, daß sie sich aber nicht an den Gedanken gewöhnen können, in jeder Pflanze auch ein Lebewesen zu sehen. Noch verwunderlicher scheint es ihnen, wenn sie erfahren, daß die Pflanze an sich die Voraussetzung für Leben und Tod aller Geschöpfe ist. Geheimnisvoll, manchmal unnahbar steht sie schweigend vor dem Betrachter, fest an ihren Lebensraum gebunden, den ihr meistens der Zufall wies. Mit dem bloßen

*Immer seltener werden solche blumenreichen Wiesen wie diese, in der das leuchtende Gelb des Scharfen Hahnenfußes, das lichte Blau des Wiesen-Storchenschnabels, dazwischen die blaßvioletten Blütenkerzen des Wiesen-Knöterichs und die weißen Schirme der Bibernelle ein buntes Bild ergeben* ▶

Auge fast immer unsichtbar sind die vielfältigen Funktionen ihres Körpers, rätselhaft ihr Sinnesleben. Still vollzieht sich in ihr das wunderbarste Geschehen unserer Welt. Sie erzeugt gelassen und unaufhörlich die lebenswichtigen Nährstoffe – den Zucker, das Eiweiß, die Stärke und das Fett –, die den Lebensmotor von Tier und Mensch speisen, und reguliert in hochkomplizierten chemischen Reaktionen die Sauerstoff-, Stickstoff- und Kohlendioxyd-Konzentrationen unserer Atemluft.

Viele Millionen Jahre, bevor die ersten Tiere die Erde bevölkerten, wiegte sie sich in den warmen Wassern der Urmeere, eroberte sich schließlich trotz widrigster Umweltverhältnisse das feste Land und wurde zum mächtigsten Lebewesen der Welt. Es gibt nichts, was unsere Wissenschaftler an technischen Einrichtungen ersannen, das die Pflanze nicht schon unvorstellbar lange vor ihnen angewandt hätte. Allein die sogenannte Fotosynthese, mit deren Hilfe die Pflanze Sonnenstrahlen – neben Atomkraft die ursprünglichste und unerschöpflichste Energiequelle unserer Erde – in chemische Energie umwandelt, übertrifft an Wichtigkeit und Umfang alle von Menschenhand gesteuerten chemischen Vorgänge.

Was tut diese sogenannte Fotosynthese? Sie läßt vor allem die Pflanzen wachsen – alle grünen Pflanzen der Welt, vom Weizen und Mais der riesigen Felder Kaliforniens bis zur Baumwolle in Ägypten, von der üppigwuchernden Vegetation der südamerikanischen Regenwälder und dem Gras der endlosen Steppen Afrikas und Asiens bis zu den riesigen Eichen und Buchen unserer einheimischen Wälder. Nach Tonnen gerechnet, läßt die Produktionsfreudigkeit der Pflanzen menschliche Industrien, die wir gigantisch nennen, geradezu winzig erscheinen. Pro Jahr beträgt die Welterzeugung an Stahl 400 Millionen Tonnen und an Zement 350 Millionen Tonnen. Alle Grünpflanzen der Welt stellen dagegen jährlich allein 150 Milliarden (!) Tonnen Zucker her – und das in einem Verfahren, das bisher noch kein Wissenschaftler im chemischen Versuch, von der großtechnischen Erprobung ganz zu schweigen, wiederholen konnte.

Doch kehren wir zurück zu unserem sonnenbeschienenen Feldweg, der von so vielen Blumen und Gräsern begleitet wird, daß ich nur einen Bruchteil davon erwähnen kann. Nicht vergessen möchte ich den 75 Zentimeter hohen *Wiesen-Salbei*, dessen eiförmige, runzlige Blätter an vierkantigen Stengeln der Pflanze ein ziemlich robustes Aussehen verleihen. Tatsächlich geht er selbst bei längerer Trockenheit nicht ein, da seine Wurzeln bis zu 1 Meter tief in den Boden reichen. Der starke Geruch, der den Blättern entströmt, hält das Weidevieh zurück, davon zu fressen; in den Bierbrauereien früherer Jahrhunderte setzten die Mönche jedoch die auf der rauhen Oberseite etwas klebrigen Blätter dem dunkelbraunen Gerstensaft zu, um ihn noch berauschender zu machen.

Die dunkelblauen, seltener hellvioletten bis weißen Blüten des Wiesen-Salbeis, die in ihrer Form den Blütenständen der weißen und roten Taubnesseln ähneln, bergen in ihrem Innern einen höchst interessanten Mechanismus, der ihre Bestäubung durch Hummeln garantiert. Die männlichen und weiblichen Geschlechtsorgane (Staubgefäße und Griffel) des Wiesen-Salbeis arbeiten mit Hebelvorrichtungen, wobei die kürzeren Arme den Eingang der Blütenröhre zum Nektar verschließen. Sobald nun die nasch-

süchtigen Hummeln ihren Rüssel in diesen Eingang stecken wollen, müssen sie jene kürzeren Hebelarme zurückschieben. Dabei entsteht eine Bewegung wie bei einer altmodischen Wasserpumpe: Der lange Schwengel, an dessen Ende das Blütenstaubsäckchen befestigt ist, schlägt auf den bepelzten Rücken der Hummel und pudert diesen während der Saugbewegungen ein. So beladen fliegt das Insekt zu einer anderen Blüte, deren herabhängender Griffel den mitgebrachten Blütenstaub vom Hummelrücken aufnimmt.
Auch bei anderen Pflanzen sorgen sinnreiche Konstruktionen, die wie Schlageisen, Fußangeln, Falltüren, Klebscheiben, Klemmvorrichtungen und Rutschbahnen funktionieren, dafür, daß die »auserwählten« Insekten auch wirklich zum Heiligtum der Blüte gelangen und in jedem Fall mit den winzigen Pollenkörnern bestreut werden, die beim nächsten Besuch ebenso zwangsläufig von den entsprechenden Geschlechtsorganen einer Pflanze abgestreift oder regelrecht abgekehrt werden. Zu diesem Zweck wird der Weg zur Honigkammer häufig mit den prallgefüllten Staubbeuteln und den feuchten Griffelköpfchen verstellt, so daß die geflügelten Gäste noch vor der Belohnung mit dem süßen Blütennektar die Geschlechtsorgane der Pflanze unter allen Umständen streifen, beziehungsweise berühren müssen.
Der Befruchtungsvorgang selbst ist bei fast allen Blüten im großen und ganzen der gleiche, denn trotz ihrer herrlichen Vielfalt an Farben und Formen sind alle Blüten nach dem gleichen Plan gebaut und kennen nur das eine Ziel – die Samenbildung. Die Blüte umschließt mit ihren Kelch- und Kronblättern die Staubfäden und den Stengel mit dem Fruchtknoten. Die Staubbeutel an den Spitzen der Staubfäden enthalten die sogenannten Pollenkörner, und der Fruchtknoten enthält die Samenanlage, die wiederum Eizellen produziert. Wenn nun ein Pollenkorn auf ihr hängenbleibt, quillt er in einer dünnen

Bild 20

*Das Acker-Hornkraut wächst auf trockenen Wiesen, an steinigen Hängen und Wegrändern. Es blüht von April bis Juni. Die Pflanzen werden etwa 15–30 cm hoch, und die weißen, trichter- bis glockenförmigen Blüten 1–2 cm groß*

Schleimschicht auf und treibt langsam einen Pollenschlauch durch den Griffel in den Fruchtknoten vor, wo er in die Samenanlage eintaucht. Dort vereinigt sich dann der Kern des Pollenkorns mit dem Eikern. Ist die Befruchtung vollzogen, fallen die Blütenblätter ab – sie haben ihre Aufgabe erfüllt –, der Fruchtknoten schwillt an und entwickelt sich zur Frucht.

Bild 21

*Der Ehrenpreis: Über 20 verschiedene Ehrenpreisarten kommen auf unseren Wiesen und Äckern vor. Aber allen gemeinsam sind die kleinen, hell- bis dunkelblauen, radförmigen Blüten mit vier Blüten- und zwei Staubblättern*

Die Blumenparade am Wegrain wäre unvollständig, würden sich nicht auch die weißen oder rosagetönten Blütenscheiben der *Schafgarbe* daran beteiligen. Auf fast meterhohen Stengeln, über dunkelgrünem, scharf nach Balsam duftenden Blattgefieder thronen die breitausladenden Blütenkörbe, von denen Fliegen, Käfer und anderes Getier auf das bunte Blumengewimmel herunterschauen. Auch ein kleiner *Aurorafalter* hat sich auf einem der leuchtenden Schafgarbenschirme eingefunden. Seine orangefarbenen Vorderflügel sind schwarz gerahmt, seine Hinterflügel zartgrün marmoriert, auf der Unterseite lebhaft moosgrün gefleckt. Jeder noch so leidenschaftliche Schmetterlingssammler sollte sich bezähmen und durch seinen Verzicht dazu beitragen, daß das buntschillernde Geschlecht der Schmetterlinge nicht vollends ausgerottet wird. Unsere schönsten Falter, wie beispielsweise der *Schwalbenschwanz*, der *Postillon*, der *Admiral*, der *Apollo-* und *Schwefelfalter*, sind ohnehin schon kostbare Seltenheiten geworden. Es ist nur ein schwacher Trost, daß die Schmetterlinge mit ungefähr 100 000 Arten die drittgrößte Insektenordnung darstellen; denn der allergrößte Teil dieser riesigen Gauklerfamilie lebt nur in den feuchtheißen Urwäldern Afrikas und Südamerikas.

Immerhin: die Vielfalt des Insektenvölkchens auf einer einzigen Blütendolde der Schafgarbe oder des *Schwarzen Holunders* ist schon verwirrend. Und an Rätseln und Geheimnissen im Leben dieser krabbelnden, hüpfenden und schwirrenden Tierarten, die zu den ältesten Bewohnern unseres Planeten gehören, mangelt es nicht. Nur schrittweise tastet sich die Verhaltensforschung in die Erlebniswelt dieser artenreichsten Tiergruppe der Schöpfung vor, und

*Wechselblättriges Milzkraut*

*Frühlings-Scharbockskraut*

*Wiesen-Bocksbart*

*Gemeiner Besenginster*

*Scharfe Fetthenne*

hin und wieder gelingt den Wissenschaftlern dabei ein erregender Blick in die Wunderwerkstatt der Natur. Vor allem das Liebesleben der Insekten erweist sich von atemberaubender Mannigfaltigkeit und »technischer« Perfektion. Das Männchen der *Skorpionsfliege* überreicht dem umschwärmten Weibchen ein regelrechtes Hochzeitsgeschenk. Aus seinem eigenen (erhärteten) Speichel formt es mit seinem großen, nach abwärts gerichteten »Schnabel«, der übrigens allen Skorpionsfliegen eigen ist, bis zu sieben stecknadelkopfgroße Eiweißkügelchen, um sie dem Weibchen zum Fraß anzubieten. Ein anderes Beispiel dafür, daß auch bei manchen Insektenarten die Liebe durch den Magen geht, ist die eingesponnene Fliege, die das Männchen einer Spinnenart dem Weibchen als Symbol seiner Paarungsbereitschaft zu Füßen legt. Manche Insekten bieten statt fleischlicher Beute ein mit einer Seiden- oder Speichelhülle umgarntes grellfarbiges Blumenblättchen.

Unerwartet wie ein Klümpchen Gold unter grauen Kieselsteinen entdecke ich beim Weitergehen durch die angrenzenden Wiesen meine erste *Orchidee* in diesem Jahr. Freilich, sie kann sich an Größe, Farbe und Formenreichtum nicht entfernt mit ihren zauberhaften Schwestern im tropischen Urwald messen; sie wächst auch nicht auf Bäumen, sondern schlicht und einfach auf mäßig feuchtem Wiesen- oder Waldboden: das *Gefleckte Knabenkraut*, mancherorts auch *Gefleckte Kuckucksblume* genannt. Wer aber Augen für ihre zierliche Gestalt und Sinn für ihr besonderes Wesen hat, wird sie zu den schönsten und eigenartigsten unserer Blumen zählen. In unseren Laub- und Nadelwäldern wie auf den Talwiesen und Almenmatten blühen zahlreiche Orchideenarten und reizen fanatische Blumenfreunde, sie auszugraben und daheim in den Garten zu pflanzen. Ganz abgesehen davon, daß das verboten ist und streng bestraft wird, denn sie stehen alle unter Naturschutz, bringt das reichlich törichte Unterfangen nur Enttäuschung ein. Keine Orchidee kommt ohne ihren hilfreichen *Wurzelpilz* aus, mit dem sie ein inniges Lebensbündnis eingeht und ohne den sie nicht mehr zu bestehen vermag. Dieser Wurzelpilz aber gedeiht nur dort, wo die Pflanze von Natur aus ihren Standort hat. Nicht einmal der Orchideensamen kann ohne diese hilfsbereiten Pilzzwerge keimen und aufgehen. Jede Orchideenart (Zuckerspender) hat ihren speziellen Pilz (Eiweißspender) als Partner, und nur relativ selten treffen der richtige Pilz und der richtige Orchideensamen zusammen. Aber die exotischen Blumen haben Vorsorge getroffen: Sie stellen ihren Samen in riesigen Mengen her; jeder einzelne von ihnen ist so winzig, daß bei manchen Orchideenarten mehr als 1 Million Samenkörner nötig sind, um 1 Gramm zu ergeben.

Im übrigen lebt keine Pflanzenfamilie auf der Erde, deren bizarre Blütenformen so außerordentlich verschieden sind wie die der Orchideen; deshalb verlangt auch jede Orchideengattung zur Befruchtung ein ganz bestimmtes, der nicht selten abenteuerlichen Blütenkonstruktion angepaßtes Insekt. Viele Orchideenarten tragen an ihren Blüten einen sehr langen Sporn und können deshalb nur von *Nachtfaltern*, die über einen entsprechend langen Saugrüssel verfügen, befruchtet werden. Aber auch Fliegen, Wespen, Schmetterlinge, Bienen, Hummeln und Hornissen können Befruchter ganz bestimmter Orchideen sein.

Der üppige lilafarbene Blütenstand der *Kuckucksblume* auf dem hohen schwarz-braun gefleckten Stengel mit seinen fleischigen, ebenfalls dunkelgefleckten, maiglöckchenähnlichen Blättern bildet eine der herrlichsten Zierden der feuchten Wiese. Die besondere Note verdient sich dieses Orchideengewächs durch die unterschiedliche Farbgebung seiner pyramidenförmigen Blütenähre: Manche strahlen in hellstem Purpur, in intensivem Rosa bis schneeigem Weiß, und selbst die Violett- und Lilatöne variieren zwischen licht und dunkel.

Die aufwendigen Werbeanstrengungen des *Gefleckten Knabenkrautes* haben ihren tieferen Sinn: Da sie nicht in der Lage sind, ihren Gästen aus dem Insektenbereich Nektar zu kredenzen – obwohl eine »Honigkammer« in Form eines langen Sporns vorhanden ist –, müssen diese Blumen wenigstens den Schein wahren, um überhaupt bestäubt zu werden. Man sieht, die Maschen der gerissenen Werbemanager sind viel älter als wir annehmen.

Neben dem stolzen Knabenkraut nimmt sich das *Wiesen-Schaumkraut*, das hier reichlich spät zum Blühen kommt, recht bescheiden aus. Zwar bringt es auch diese Pflanze fertig, ihre hauchzarten Blütchen einmal in weiß, einmal in rosa und häufig in lila zu tauchen, so daß während der Hauptblütezeit im Mai die Wiesen mit einem feinen weißblau-violetten Schleier überzogen sind; aber das Wiesen-Schaumkraut vermag sich nur in der Masse ins rechte Licht zu rücken, die einzelne Blume wirkt zierlich und unscheinbar. Was die Pflanze trotzdem aus dem »Fußvolk« der sonstigen Gewächse heraushebt, ist ihre sonderbare Bindung, die sie mit einem musizierenden Insekt eingegangen ist. Das Weibchen einer *Schaumzikadenart* sticht mit Hilfe eines Legebohrers in das saftige Stengelfleisch der Pflanze und legt ein Ei hinein. Die daraus sich entwickelnde Larve sitzt kopfüber in ihrem grünen Versteck, unaufhörlich am Stengel saugend. Die Körperausscheidungen läßt sich das Tierchen über den Rücken laufen, löst gleichzeitig mit dieser Kotflüssigkeit eine wachsartige Substanz, die von ihren Hinterleibsdrüsen abgesondert wird, und erzeugt auf diese Weise eine richtige Seifenlösung. Anschließend »bläst«

Bild 22

*Der Wiesen-Salbei blüht von Mai bis August auf trockenen Wiesen, sonnigen Hängen und Wegrändern. Er wird 70–90 cm hoch. Seine blau-violetten Blüten sind mit einer besonderen Bestäubungseinrichtung ausgestattet* die Larve ihre Atemluft in die Lösung – und fertig sind die »Seifenblasen«. Das Schaumhäufchen – der sogenannte Kuckucksspeichel –, in dem sich die Zikadenlarve verbirgt und auch vor Austrocknung schützt, hat dem Wiesen-Schaumkraut zu seinem schönen Namen verholfen.

Jede frühsommerliche Wiese bietet übrigens nicht nur eine Augenweide, sondern auch einen besonderen Ohrenschmaus. Was nämlich den *Zikaden-* und *Grillen*weibchen das Eierlegen, ist für ihre Männchen der Gesang. »Glücklich leben die Zikaden, denn sie haben stummme Weiber«, so schrieb im Altertum ein boshafter Grieche. Schon damals war also bekannt, daß der »Gesang« dieser Insekten nur den Männchen eigen ist. Doch wenn auch die Weibchen der Grillen und Zikaden stumm leben, so sind sie doch keineswegs taub. Im Gegenteil: Beim Ertönen des Gezirpes eines Artgenossen laufen oder fliegen sie in größter Eile zu ihm hin. Die »Macht der Töne« bei den Grillen haben Insektenforscher sehr deutlich nachweisen können. Die Wissenschaftler verbargen ein musizierendes Grillenmännchen unter einem schwarzen Pappzylinder, der nur eine kleine Öffnung hatte. Sobald nun ein Grillenweibchen in die Nähe gesetzt wurde, lief es den Tönen nach und suchte den »Künstler« so lange, bis es schließlich den Eingang zum Zylinder und damit das Ziel seiner Sehnsüchte fand.

Daß wirklich die Töne das Lockmittel waren – und nicht etwa, wie bei manchen Schmetterlingen, der Duft –, wurde mit Hilfe einer ausgeklügelten Versuchsanordnung zweifelsfrei festgestellt. Die Wissenschaftler setzten nämlich ein zirpendes Grillenmännchen in einen Raum, in dem ein Mikrofon angebracht war, und übertrugen die damit aufgenommenen Töne durch einen Lautsprecher in ein entlegenes Zimmer. Dort saß ein Grillenweibchen – und siehe da, beim ersten Ton der vertrauten Stimme lief es eiligst an den Lautsprecher.

Es ist sehr schwierig, den schwarzköpfigen und braunflügeligen Wiesenmusikanten, den *Grillen*, nachzuspüren. Denn die leiseste Erschütterung läßt die scheuen Tierchen blitzschnell in ihre selbstgegrabenen Löcher huschen. Wer sehen will, wie sie fiedeln und geigen, muß sich vor der kleinen Höhle auf die Lauer legen und darauf achten, daß sein Schatten nicht auf das Schlupfloch fällt. Beim Musizieren streift der rechte Flügel, der eine mit winzigen Zähnchen besetzte Querleiste hat, die Schrillkante, über den linken Flügel, auf dem eine Schrillader hervortritt. Kleine Trommelfelle auf den Flügeln verstärken den Ton.

Noch weitaus musikalischer als die Grillen und Zikaden fiedeln die Heuschrecken, die mit ihrem ununterbrochenen Konzert manchen Menschen arg auf die Nerven gehen. Die Feldheuschrecken, wie etwa das *Grüne Heupferdchen,* »singen« mit ihren Beinen. Sie vollführen eine Art Handstand und heben die kräftigen Hinterbeine so weit in die Höhe, daß die Oberschenkel sich wie bei einem Waschbrett an einer Reihe kleiner, steifer Zäpfchen am Flügel reiben. Auf diese Weise entsteht jene Melodie, die in der warmen Jahreszeit aus allen Wiesen schallt. Das Heupferdchen hat wie seine meisten anderen Verwandten auch noch einen ausgeprägten Fluggesang. Wenn es zu seinem mächtigen Sprung ansetzt, läßt es seine beiden großen Deckflügel gegen die beiden kleineren darunter schnellen. Dadurch entsteht das bekannte Schnarren, das die Sprünge der Grashüpfer begleitet.

*Gefleckte Taubnessel*

*Schierlings-Reiherschnabel*

*Bach-Nelkenwurz*

*Schlangen-Knöterich*

*Weg-Malve*

*Wilde Malve*

Dort, wo der Wiesenanger ganz nahe an das Kornfeld heranläuft, stoße ich auf eine etwa 5 Zentimeter hohe zottige Pflanze, die ich eigentlich noch nie ohne glitzernde Wasserperlen in ihren behaarten Blattkelchen angetroffen habe. Es ist der kleinblütige *Frauenmantel.* Der Name bezieht sich auf die faltige Blattform, die mit ein bißchen Phantasie an einen überwurfartigen

Bild 23

*Der Aurorafalter, an Waldrändern und auf Waldwiesen von April bis Juni häufig zu sehen, gehört zu der Familie der Weißlinge wie der Kohlweißling oder der Zitronenfalter. Seine Flügelspannweite beträgt etwa 4 cm*

Mantel erinnert, wie er zum Beispiel auf alten Marienbildern häufig dargestellt ist. An den Blattzähnen befinden sich – ähnlich wie bei Erdbeerblättern – »Wasserlöcher«, aus denen vor allem in feuchtwarmen Nächten Wasser ausgeschieden wird. Dieser blumeneigene Tau fließt oft so reichlich, daß er sich in der trichterförmigen Vertiefung des Blattes sammelt und tagsüber als große schillernde Perle auf dem samtigen, schüsselförmigen Blattgrund liegt. Die mittelalterlichen »Goldmacher« sammelten allmorgendlich die kristallklare Flüssigkeit in kleinen Gläsern, weil sie hofften, mit diesem Saft endlich die goldmachende Substanz gefunden zu haben. Der Name Alchimistenkraut erinnert heute noch an das geheimnisvolle Wirken jener »Hexenmeister« des 14. und 15. Jahrhunderts.

Neben dem Frauenmantel mit seinen unscheinbaren grüngelben Blütchen hat sich vor allem der *Gelbe Wiesenbocksbart* breitgemacht. Die häufig anzutreffende Blume mit ihren bis zu 6 Zentimeter im Durchmesser großen Blütenkronen erregt besonders wegen ihres milchig süßen Saftes, der den Stengel und die Wurzel zum Leckerbissen macht, die Aufmerksamkeit der Kinder. In den Hungerjahren nach dem Zweiten Weltkrieg war die Pflanze als Kochgemüse sehr begehrt, und eine violett blühende Verwandte, die *Blaue Haferwurzel*, wird in manchen Gegenden noch heute als Gemüse angebaut. Die zahlreichen Beinamen des Wiesenbocksbartes – zum Beispiel *Kuckucksbrot, Milchblume, Süßling, Hafermilch* – weisen deutlich auf eine Vorzugsstellung dieses besonders auf nährstoffreichen Lehmböden beheimateten Gewächses hin. Die Bezeichnung Bocksbart bezieht sich übrigens auf die aus den gelben Blumenblättern als Bart heraushängenden Haare der Fruchtknoten verblühter Pflanzen. Auch während der Blütezeit offenbart der Wiesenbocksbart eine auffallende Eigenschaft: Die Blütenkronen öffnen sich gegen 8 Uhr morgens und schließen sich bereits wieder zwischen 11 und 2 Uhr am Nachmittag. Kein Wunder, daß sich die Bauern mancher Gegenden mit ihrem Mittagessen nach dieser hübschen Blumenuhr richten. In England wird der Wiesenbocksbart seines frühzeitigen Zubettgehens wegen »Johann halte Mittagsruh« genannt.

Ich weiß nicht, ob es ein Zufall ist, daß eine Reihe kleiner Käfer und Fliegen sich in der Nähe der süßschmeckenden Pflanze herumtreiben, oder ob sie hier tatsächlich nur ihren Hang zum Naschen zu befriedigen suchen. Beim Ausgraben der Bocksbartwurzeln ist mir jedenfalls aufgefallen, daß sogar *Regenwürmer* sich bemerkenswert oft in größerer Zahl um den ebenfalls süßen Wurzelstock herumgruppierten. Sie sind zwar als bescheidene Allesfresser bekannt; aber ich könnte mir vorstellen, daß ihre »Würmerherzen« – 5 Seitengefäßpaare in jedem Tier! – beim Duft der wohlriechenden Bocksbartmilch ebenfalls schneller schlagen.

Der vielgeschmähte Regenwurm ist ein richtiger Tausendsassa, und er vermag Dinge zu tun, von denen wir uns nicht die geringste Vorstellung machen können.

Obwohl ohne eigentliche Augen und Ohren, besitzt der Regenwurm scharfe Sinne. Lichtempfindliche Zellen unter der Hautoberfläche melden ihm selbst das schwache Licht der Morgendämmerung. Die leiseste Erschütterung, wie das Hüpfen einer Amsel oder das Trippeln einer Feldmaus, läßt ihn sofort tiefer in die Erde verschwinden. Gewöhnt im Dunkeln zu leben, verbringt er die meiste Zeit grabend. Im Unterschied zu anderen Wühltieren schiebt der Regenwurm die Erde aber nicht zur Seite. Er verschluckt sie vielmehr und ernährt sich von den organischen Stoffen, die darin enthalten sind. Seine Tätigkeit lockert den Boden, macht ihn für Luft und Wasser durchlässig und erleichtert es den Pflanzen, ihre Wurzeln auszubreiten.

Bild 24

*Das Gefleckte Knabenkraut, eine hübsche, aber gebietsweise recht seltene Orchidee in lichten Wäldern, Waldwiesen oder Flachmooren, blüht von Mai bis Juli und wird etwa 20–50 cm hoch. Die Blätter erscheinen häufig gefleckt.*

Als Bodenbearbeiter ist der Regenwurm unersetzlich und wahrscheinlich das wichtigste Tier überhaupt, wichtiger auch als die ausgefeilteste Technik unserer modernen Landwirtschaft. Salze und Säuren, die den Verdauungstrakt des Regenwurms passieren, werden in ihrer ätzenden Wirkung stark verdünnt. Und wertvolle Mineralien und chemische Stoffe, die in der Erde enthalten sind, werden von ihm als Nährstoffe für Pflanzen »genießbar« gemacht. Die von den Regenwürmern verdaute, in feinster Krümelform wieder ausgeschiedene Erde enthält – wie Wissenschaftler exakt ermitteln konnten – doppelt soviel Kalk und Phosphor, dreimal soviel Kali, sechsmal soviel Magnesium und siebenmal soviel Stickstoff wie die wertvollste Gartenerde. Diese Regenwurmerde ist in ihrem Nährstoffgehalt schier unerschöpflich. Sie erhält sich in ihrer Qualität über Jahrzehnte, verhindert die Auswaschung durch Regenwasser und öffnet ihre Kraftreserven einzig und allein den haarfeinen Saughärchen der Pflanzenwurzeln.
Der erstaunlich kleine Wurm verbringt ein fleißiges Leben: Jedes ausgewachsene Tier schleust jährlich soviel Erde durch seinen Magen-Darm-Kanal, daß am Ende ungefähr 200 Gramm wertvollster Humus übrigbleiben. Da ein Hektar normaler Boden durchschnittlich von 125 000 Regenwürmern bevölkert ist (in einem halben Hektar hat man einmal sogar sieben Millionen festgestellt), kann man sich ausrechnen, daß Regenwürmer jährlich und pro Hektar rund 500 Zentner Humus produzieren. Der praktische Wert ihrer Arbeit entspricht dem Düngewert von etwa 50 Fuhren besten Stallmistes. Die Natur würde, um die gleiche Menge fruchtbarer Erde zu schaffen, einhundert bis zweihundert Jahre benötigen.

Die *Feldlerche*, die unter einem Grasbüschel ihr kunstloses Nest stehen hat und fünf ewig hungrige Mäuler stopfen muß, zeigt für die Nützlichkeit des Regenwurms wenig Interesse. Schwupp! – erwischt sie einen der dunkelbraunen unterirdischen Gärtner am Kragen und trippelt flink wie eine Maus zu ihren Jungen. Und während das graugefiederte Lerchenweibchen erneut auf Futtersuche geht, steigt das Männchen jubilierend und fast senkrecht in den wolkenlosen Mittagshimmel.
Für mich wird es Zeit, heimwärts zu wandern. Ich möchte zwar viel lieber hierbleiben – aber morgen ist ja wieder ein Tag.

# Von Unkräutern, Spitzmäusen und Nachtfaltern

Über Nacht hat es geregnet. Am frühen Nachmittag breche ich wieder einmal zu einem Blumenstreifzug auf. Die Luft ist rein, aber feucht und warm. Zitronenfalter und Kohlweißlinge taumeln über den dampfenden Wiesen, und an den weißen Blütenkugeln des *Steinklees* hängen fette Hummeln, vollgepackt mit gelben Pollensäcken. Grünschillernde und lackschwarze Käfer hasten über den Weg, und zwei *Weinbergschnecken* rutschen auf silbrigem Schleimband gemächlich über ein ausgefranstes Huflattichblatt. Eine unscheinbare *Feldmaus* führt unter den gelbgrünen Schirmen der giftigen *Wolfsmilch* ihren Nachwuchs spazieren, und über dem süßlichduftenden Kleeacker läßt sich in gut hundert Meter Höhe ein Mäusebussard vom Aufwind tragen. Der nächtliche Gewitterregen hat auf Tier und Pflanze gewirkt wie schwarzer Kaffee auf müde Büroarbeiter. Man hat das Gefühl, es läuft wieder alles wie geschmiert. Selbst das schrille Gefiedel der Grillen und Heuschrecken scheint ein paar Takte schneller als gestern.

Der schmale Rain zwischen den Feldern spiegelt die blanke Farbe des Himmels wider: *Wiesen-Glockenblumen* wie Sand am Meer. Unzählige gestielte Blütenglocken hängen in dichten Trauben und Sträußen und laden zu einem Festmahl für Bienen und Hummeln. Die hängende Stellung der knapp fingerhutgroßen Blüten macht es anderen, vor allem kriechenden Insekten schwer, um den scharfen Glockenrand in das Innere des blauen Kelches zu gelangen. Geflügelte Arten gelangen dafür um so leichter hinein und suchen darin oft Zuflucht vor überraschend einsetzendem Regen.

Übertroffen in der Leuchtkraft der blauen Farbe wird der Vorhang der Wiesen-Glockenblumen nur noch von den tiefgezackten *Kornblumen*, die sich wie ein kobaltblauer Kranz eng an das benachbarte Roggenfeld schmiegen. Die Landwirte geben sich zwar alle erdenkliche Mühe, das Saatgut von Feldblumen freizuhalten; aber *Klatschmohn, Kornrade, Ackerwinde, Feldrittersporn* – um nur einige zu nennen –, und eben vor allem die Kornblume stellen sich immer wieder ein. Sie gehören einfach zum wogenden Meer der langen Halme ebenso wie *Dotterblumen* zu nassen Frühlingswiesen. Die knallig blauen Reklamefähnchen, die sich die Kornblumen an den äußeren Rand ihrer Blütenkörbchen gesteckt haben, sind nichts als raffinierte »Lockvögel« für nektarsuchende Insekten. Aber diese Ausstellungsstücke im Blumenschaufenster halten weder Nektar noch Blütenstaub für ihre Gäste bereit. Dringt der Rüssel eines Schmetterlings dagegen in die dünnen Röhrenblüten in der Mitte des Blütenkopfes, so kann er seinen

Durst stillen und wird gleichzeitig dick mit Pollenstaub eingepudert. Der Rüssel berührt nämlich auch die äußerst empfindlich reagierenden Sinneshaare der tief im Innern verborgenen Staubgefäße der kleinen Blütenröhre, die sich plötzlich zusammenziehen und den in ihnen lagernden Blütenstaub hinausschleudern. Der Griffel am Grunde jeder Blütenröhre wirkt

Bild 25

*Das Heupferd mit pferdeähnlichem Kopf und kräftigen Kauwerkzeugen, mit großen Sprungbeinen und häutigen Flügeln ist im Sommer auf unseren Wiesen häufig zu sehen.*
*Zur Paarungszeit lassen die Männchen das bekannte Zirpen ertönen*

dabei wie der Kolben einer Pumpe.

Immer gegen den Uhrzeigersinn ringelt sich der bis zu 70 Zentimeter lange und mit pfeilförmigen Blättern besetzte Stengel der Ackerwinde um die Getreidehalme. Als ein zartroter tiefer Trichter öffnet sich die Blüte, die nur von sehr langrüßligen Faltern bestäubt werden kann, morgens zwischen 7 und 8 Uhr und schließt sich am selben Tage wieder gegen 13–14 Uhr; dann ist sie verblüht.

Als Unkraut seit der Steinzeit bekannt und gefürchtet ist der tief purpurrote, auf meterhohem Stengel schwankende Blütenpokal der *Kornrade* mehr und mehr auf dem Rückzug begriffen. Mehr als alle anderen Acker-»Unkräuter« hat die farbenprächtige Kornrade unter der Saatgutreinigung der Landwirte immer mehr an Raum verloren und ist heute bereits von vielen Feldern völlig verschwunden. Mit dem althergebrachten Brauch junger Bauernburschen, die fünfstrahligen Blüten im zottig behaarten Blattkelch zu einem Radkranz zu flechten, welcher der auserwählten Dorfschönen ins Haus geworfen wurde, ist es wohl endgültig vorbei. Immerhin: die Güte des Mehls wurde durch die giftigen Samen der Pflanze erheblich beeinträchtigt. Sie geben dem Mehl einen bitteren Geschmack sowie eine unansehnlich bläuliche Farbe. Nicht selten wurden Menschen, die Brot aus »blauem« Mehl aßen, schwer krank. Das Gift bewirkt Erbrechen und Durchfall, Krämpfe und Wahnvorstellungen.

Ganz besonders bedauerlich wäre es, wenn aus ähnlichen Gründen der brennendrote Klatschmohn aus unserer heimischen Blumenwelt verschwinden würde. Ein Kornfeld ohne diese feurigen Blüten ist für mich kein Kornfeld. Aber landwirtschaftliche Betriebe müssen heute in erster Linie an eine rationelle Produktion denken, um überleben zu können. Und das bedeutet auch einwandfreie – von allen lästigen und besonders von allen gesundheitsschädlichen Unkräutern gereinigte – Mehlqualität. Trösten wir uns mit der alten Spruchweisheit: Unkraut vergeht nicht. Im übrigen könnte ich mir vorstellen, daß man eines Tages erkennt, daß diese sogenannten Ackerunkräuter durchaus ihre Bedeutung für das gesunde Wachstum unserer hochgezüchteten Kulturpflanzen haben. Wissenschaftler vermuten, daß sich zwischen den Getreidepflanzen und den Ackerunkräutern feinabgestimmte Regeln des Zusammenlebens angebahnt haben, die noch längst nicht genügend erforscht sind. So konnte einwandfrei bei Experimenten festgestellt werden, daß beispielsweise der Roggen auf den von Kornblumen restlos gesäuberten Feldern fast um die Hälfte im Wachstum zurückblieb gegenüber dem Roggen, der reichlich mit dieser Feldblume durchsetzt war. Möglich, daß uns die modernen Düngemittel die Blumen im Getreide – soweit es den Ertrag betrifft – vergessen lassen. Möglich ist es aber auch, daß eines gar nicht allzu fernen Tages das Erdreich »verarmt« ist und die nur künstliche Düngung zum Bumerang wird. Die Regenwürmer haben sich jedenfalls aus den überdüngten Feldern längst zurückgezogen. Vielleicht kommen sie mit den Kornblumen und Ackerwinden, mit der Kornrade und dem Klatschmohn einst gemeinsam wieder zurück. Manchmal habe ich den Eindruck, daß es uns Menschen ergeht wie dem Zauberlehrling: Wir werden die Geister, die wir gerufen haben, nicht wieder los. Da wurde im Jahre 1948 ein Mann mit einem der angesehensten Preise der Welt, dem sogenannten Nobelpreis, ausgezeichnet, weil er eine neue Chemikalie entdeckt hatte: DDT. In der Tat sah die Entdeckung zunächst wie ein Geschenk des Himmels aus. Eine unvorstellbar geringe Menge dieses Pulvers – der milliardste Teil eines tausendstel Gramms –, so sagte der Erfinder, würde genügen, um eine Fliege zu töten. Für Menschen und Haustiere aber sei es absolut harmlos.

Bild 26

*Der Mohn, eine überall bekannte Pflanze, taucht oft die Getreidefelder zu Tausenden in tiefes Rot. Die häufigste Art ist der Klatschmohn mit steifhaarigen, 30–90 cm hohen Stengeln, fliederig zerteilten Blättern und eiförmigen Fruchtkapseln*

Das Gift fand über Nacht weltweite Verbreitung: Fliegen, Mücken, Wanzen und Pflanzenschädlinge wurden damit massenweise vernichtet; DDT wurde bedenkenlos in Wohnstuben und über Feldern versprüht. Die Ernteerträge stiegen rapide, gefährliche Seuchen, wie die von einer Stechmücke verbreitete Malaria, wurden praktisch ausgerottet, Millionen Menschen aber gerettet. Doch heute, nach mehr als 25 Jahren DDT-Anwendung, beginnen die Wissenschaftler zu erkennen, daß eben dieses segensreiche »Wundermittel« dabei ist, nicht mehr nur schädliche Insekten, sondern auch alles andere Leben zu vergiften.

Es gingen rätselhafte Dinge vor sich: In einem See schwammen fast eine Million Jungfische – tot; Raub- und Singvögel starben dahin; Dachse und viele andere Tiere des Waldes lagen verendet am Wege. Als man nach dem Grund forschte, stieß man auf einen Mörder, an den man am allerwenigsten gedacht hatte – auf das DDT. Eine Kettenreaktion zeichnete sich ab. Seit 1948 sind schätzungsweise 40 Millionen Zentner DDT auf die gesamte Erdoberfläche versprüht worden. Das sind rund 100 000 Waggonladungen Gift. Niemand hielt das für gefährlich, man glaubte, es würde sich schon verflüchtigen. Aber – es verflüchtigte sich nicht. DDT wird nur im Zeitlupentempo zersetzt. Von den 100 000 Waggonladungen sind mindestens 60 000 bis 70 000 noch heute wirksam wie am ersten Tag. Diese Berge von DDT haben inzwischen einen Giftschleier gebildet, der jetzt unseren ganzen Erdball einhüllt. DDT durchsetzt das Erdreich, es vergiftet die Flüsse, die Seen, die Meere und das Grundwasser. Das Gift ist vor allem dort, wo es am allerwenigsten sein sollte: in Pflanzen, Tieren und Menschen.

Die Schäden, die das Gift im menschlichen Körper anrichtet, kann heute noch niemand ganz überblicken. Aber was man bisher weiß, ist Grund zu höchster Wachsamkeit. Ein Arzt beispielsweise entdeckte bei der Untersuchung von Patienten, die an Leberschäden oder Krebs gestorben waren, zwei- bis dreimal soviel DDT wie etwa bei Unfalltoten. Der Nachweis, daß das Gift besonders die Vogelwelt – zumindest eine große Reihe von Arten – bereits bis an die Grenze der Ausrottung dezimiert hat, ist bereits erbracht. Durch DDT wurde die Schalenbildung der Eier von Fischadlern, Wildtauben, Kranichen und zahlreichen Singvogelarten derart gehemmt, daß diese Tiere entweder überhaupt keine Eier mehr oder nur noch solche mit hauchdünner, zerbrechlicher Schale legen konnten.

Ich möchte den Teufel nicht an die Wand malen, aber den Menschen wird es in unserer verschmutzten Umwelt kaum besser ergehen als den Vögeln: Schädlingsbekämpfungsmittel – keineswegs nur DDT – und Industrieabfälle haben hier wie dort Organschäden, Verkrüppelungen oder gar den Tod zur Folge. Es gibt Tierforscher, die das zunehmende Vogelsterben der letzten Zeit als wichtigen Gradmesser der Umweltverschmutzung ansehen. Eine Umwelt, so sagen sie, die für Vögel lebensfeindlicher wird, wird es mit Sicherheit auch für uns.

Der *Rote Milan*, der hoch über mir seine Kreise zieht, ist ebenfalls ein Opfer der Vergiftung unserer Umwelt geworden. Der Straßenkehrer der Natur, wie er häufig genannt wurde, ist bis

*Der Rote Milan ist ein eleganter Segler. Im Flug ist er an seinem gegabelten Schwanz zu erkennen. Er ernährt sich von Mäusen, Ratten, jungen Hasen und auch von toten Tieren und Müllabfällen. Seinen Horst baut er auf alte, hohe Bäume* ►

auf einen geringen Restbestand fast ausgerottet. Dabei war gerade dieser Greifvogel alles andere als zimperlich. Totes Getier und eklige Abfallstoffe gehörten seit Jahrtausenden zu seiner Lieblingsnahrung. Im Mittelalter spielte er in manchen Städten eine Art von Müllschlucker für Fleischabfälle. Es wäre schade um den stolzen Vogel, der eine Flügelspannweite von mehr als eineinhalb Metern erreicht und manchmal eine Viertelstunde lang über dem Tal schwebt, ohne die Flügel ein einziges Mal zu bewegen. Nur auf der Erde macht er einen etwas unbeholfenen Eindruck, hüpft ziemlich ungeschickt, ein wenig an afrikanische Geier erinnernd.

Selten ist auch der amselgroße, schwarz-weiß-taubenblau gefärbte Raubwürger geworden. Wenn er von seinem »Aussichtsturm« auf der äußersten Spitze eines Schlehen- oder Heckendornbusches einen Raubvogel oder eine Krähe erspäht, dann pflegt er sie mit lautem Geschrei anzukündigen, das etwa wie »Quäck-Quäck« klingt und weit zu hören ist. Es kommt dem tollkühnen Vogel mit dem seltsamen Bogenflug auch nicht darauf an, weit größere Vögel – wie etwa Mäusebussard oder *Turmfalke* – mit wildem Kampfeseifer anzugreifen, obwohl er in solchen Fällen fast immer unterliegt. Ob er sein »Wächteramt« so ernst nimmt, um kleinere Singvögel vor Feinden zu warnen, bezweifle ich allerdings, weil er sich trotz reicher Insektennahrung selbst für die kleinen Sänger und ihren Nachwuchs interessiert.

Eines Tages beobachte ich einen *Raubwürger* im Wipfel eines Vogelbeerbaumes am Waldrand. Plötzlich stürzte er sich mit angelegten Schwingen laut quäkend auf eine vorüberfliegende Goldammer. Die Jagd auf den friedlichen Singvogel, der wie eine hochgeworfene Goldmünze in der Sonne aufleuchtete, ließ mich ein wenig erschauern. Der Würger zwang sein Opfer mit heftigen Flügel- und Schnabelhieben zu Boden und zerrte wild an seinem Kopf, daß die gelben Federn nur so stoben. Dann nahm er die zerrupfte Beute auf und trug sie zu einem Schlehenbusch. Dort spießte er den toten Vogel auf einen Dorn, riß ihm den Kopf ab und flog davon, um neue Beute zu suchen.

Anders als das kraftvoll-elegante Schlagen der Greifvögel ist der Angriff des Raubwürgers eine blutige Angelegenheit. Das liegt sicher auch daran, daß er nicht, wie die meisten Raubvögel, scharfe Fänge besitzt, sondern zum Töten seiner Beute als Hauptwaffe seinen kräftigen Hakenschnabel benutzt. Doch bei alledem darf man nicht übersehen, daß weder der Raubwürger noch der etwas kleinere zimtbraune *Rotrückige Würger* aus Lust am Morden töten – sie tun es ausschließlich für die Aufzucht ihrer Nachkommenschaft; ebensowenig wie das Tier, dem ich an einem anderen Tag bei seiner Jagd zuschaute. Es war ein heller und warmer Nachmittag wie heute. Ich saß in einem jungen Birkenhain, ringsum das einschläfernde Konzert der Grillen und *Zikaden.* Mit dem Fernglas entdeckte ich eine Zikade am weißen Stamm einer Birke, mit schillernden Flügeln und rot und grün getupftem Körper einer großen Fliege ähnlich. Das Tier wiegte sich leise hin und her, während es mit seinen zwei Schwirrplatten am Hinterleib sein Lied erschallen ließ. Es sollte sein letzter Gesang sein.

Wie eine Rakete kam ein *Zikadenjäger*, eine räuberische *Grabwespe*, angeschossen und stürzte sich auf den Sänger. Die beiden kämpften verbissen; sie rangen miteinander am glatten Stamm der Birke, fielen endlich zu Boden, der

Angreifer obenauf. Mit einem Stich ihres Stachels – es sind die Weibchen, die das Mordgeschäft vollführen – brachte die Wespe das Gift an, mit dem sie die Zikade lähmte. Als der Kampf zu Ende war, sah ich die Wespe ihr Opfer mit vier Beinen packen und im Flug davontragen wie ein Hubschrauber, der eine Last seiner eigenen Größe durch die Luft schleppt. Sie nahm Kurs auf ihr unterirdisches Nest. Wenn sie genug Beute zusammengetragen hat, legt sie obendrauf ihre Eier ab, so daß ihre Jungen in der Larvenzeit nicht zu hungern brauchen.

An Haselstauden vorbei, unter denen dichte Brennesselbestände wuchern, weiße Doldenblumen, wilde Kleepflanzen und strotzende Wiesengräser zu einem fast undurchdringlichen Geflecht verwachsen sind, führt mich mein Weg zu einer trockenen Hangwiese, die an einen etwa 50jährigen Mischwald grenzt. Der Regen in der vergangenen Nacht hat kaum Spuren hinterlassen, und trotz später Nachmittagsstunde ist es wieder heiß und schwül wie am Tag zuvor. Wie hingesät stehen hier hüfthohe *Margeriten* und verbreiten einen so aufdringlichen und herben Geruch, daß ich mich ein wenig abseits in den Schatten einer über und über mit birnengelben Blüten behängten *Linde* setze.

Nun habe ich die Wahl zwischen dem Honigduft des Baumes und dem an gegerbtes Leder und ausgelaufenes Öl erinnernden Geruch der Gemeinen Wucher- oder Orakelblume, wie die Leute in manchen Gegenden die schneeweißen Blütenräder der Margareten (so die deutsche Schreibweise) bezeichnen. Ähnlich wie die blauen Kornblumen greifen die Margeriten zu einer List, um bestäubende Insekten anzulocken: Der leuchtende Kranz der weißen Blütenblätter hat weder Nektar noch Pollen zu bieten; seine Aufgabe besteht nur darin, Käfer, Fliegen und Schmetterlinge an die unscheinbareren gelben Röhrenblütchen, die wie ein kleines Nadelkissen sich zu Dutzenden in der Mitte zusammendrängen, heranzuführen.

Zu meinen Füßen schimmern zahllose *Walderdbeeren* aus der Graswildnis. Ich esse von den zuckersüßen Früchten, bis mir ein paar hart-

Bild 27

*Die Gewöhnliche Akelei, eine hübsche, unter Naturschutz stehende Pflanze lichter Wälder, blüht von Mai bis Juni. Sie wird etwa 40–90 cm hoch und trägt 4–5 cm große, blauviolette Blüten* näckige Bremsen den Appetit verderben. Mit Vorliebe setzen sie immer an derjenigen Hand ihren blutsaugenden Stechrüssel an, in der ich die Erdbeeren halte. Eine fettleibige, grasgrüne *Raupe* schiebt sich katzbuckelnd über ein Lindenblatt. Die Lupe verwandelt ihren Kopf in ein breitmäuliges, borstiges Ungeheuer. Gleich einem Vorposten steht neben mir ein einzelner Stengel der *Schwarzen Akelei*: Wie reife Pflaumen, so groß und so dunkelblau, hängen in der 60 Zentimeter hohen, weit verzweigten Pflanze sieben schwere Blüten, von denen jedes einzelne Blumenblatt in einen hakig gekrümmten Sporn ausgezogen ist. Hinter mir huscht eine *Singdrossel* durchs Gezweig; nach einiger Zeit klopft sie vernehmlich laut ein paar spröde Schneckenhäuser auf. Klammheimlich ist auch ein *Eichelhäher* unterwegs; er sucht nach Leckerbissen für seine fast flügge Brut.

Eine *Waldspitzmaus*, kaum so groß wie ein kleines Hühnerei, turnt in den frischen Himbeertrieben umher, sieht sich um, macht einen Sprung, faßt eine dicke Fliege und springt mit ihr im Mäulchen auf einen bemoosten Baumstrunk. Niedlich sieht das kleine Kerlchen aus, wie es da auf den streichholzdünnen Hinterbeinen sitzt, seine Beute zwischen den Pfötchen hält, ihr mit den scharfen Zähnen Flügel und Beine abknipst und sie hurtig aufknabbert. Dann streicht sich das Mäuschen die pechschwarzen Schnurrhaare zurecht und sieht sich mit funkelnden Knopfaugen nach neuer Beute um. Jetzt, bei hereinbrechender Dämmerung, kommt seine große Zeit. Eigentlich ist es gar keine echte Maus, sondern ein Insektenfresser, ein kleines gieriges Nacht-Raubtier wie alle Spitzmäuse, die mit Igel und Maulwurf näher verwandt sind als beispielsweise mit einer gewöhnlichen Feldmaus. Bei Gefahr verspritzt die mit einem samtschwarzen Pelzchen gekleidete Waldspitzmaus eine stark nach Moschus riechende Flüssigkeit.

Kaum zehn Meter von der Stelle, an der ich regungslos – gegen die blühende Linde gelehnt – durch das Fernglas starre, hockt der winzige Räuber noch immer. Plötzlich ein leises Rascheln, ein noch leiseres piepsendes Stimmchen. Die Spitzmaus duckt sich und – springt mit einem schrillen Quieken wieselflink ins Gras. Wildes Geraufe von zwei Tieren, die sich auf Leben und Tod ineinander verbissen haben. Auf Zehenspitzen nähere ich mich rasch ein paar Schritte, blicke wieder durchs Glas. Ein schreckliches Bild: Der angriffslustige Winzling verzehrt seine Beute – eine mindestens doppelt so große Waldmaus! – bei lebendigem Leibe. Mit einem einzigen Biß hat er sein Opfer gelähmt. In seinem unersättlichen Appetit, der es täglich mehr als sein Eigengewicht fressen läßt, hat man den gefährlichen Liliputaner schon Tiere töten sehen, die vier- bis fünfmal seine Größe hatten.

Ich mache mich auf den Heimweg, im Wald ist es zum Beobachten jetzt ohnehin schon zu duster. Manchmal schrecke ich zusammen, wenn es im Dickicht laut raschelt. Aber es sind nur zwei *Amseln*, die etwas Passendes für die Abendmahlzeit suchen. Bei jähem Vorwärtssprung stechen ihre Schnäbel zu, im ebenso jähen Zurückhüpfen wirbeln sie das modernde Laub in die Höhe. Am jenseitigen Hang, zwischen Jungerlen und Weidenbüschen, schnüffelt ein

*Die Margerite oder Gemeine Wucherblume wächst häufig auf trockenen Wiesen, an Wegrändern und steinigen Hängen. Sie blüht von Mai bis Oktober. Die Blütenköpfe bestehen aus weißen, zungenförmigen Randblüten und gelben Scheibenblüten. Die Pflanze wird bis zu 60 cm hoch* ▶

*Dachs* nach Eßbarem: Käfer und Larven, Würmer und Schnecken, Frösche und Blindschleichen; aber auch Vogeleier und junge Mäuse verschmäht er nicht.

Eine fette, gelb gebänderte *Erdhummel* ist ebenfalls noch fleißig. Mit tiefem Brummton fliegt sie schwerfällig zwischen blauen und rosenroten Nektarspendern pendelnd hin und her. Der

Bild 28

*Die Esparsette wird schon lange als Futterpflanze angebaut. Ihre verwilderte Form wächst häufig auf trockenen Wiesen. Sie blüht von Mai bis Juli, wird 30–60 cm hoch und treibt eine mächtige Pfahlwurzel, die bis zu 4 m Tiefe erreichen kann*

*Kriechende Günsel*, mit seinen stockwerkartig übereinanderstehenden Blütenquirlen macht es dem Honigbomber leicht: Auf den knapp unterhalb der blauen Blütensträußchen herausgewachsenen Blättchen findet die Hummel festen Halt, um ihren Rüssel tief in die Honigfäßchen hineinzusenken. Wesentlich schwieriger gestaltet sich dieses Geschäft an der blattlosen Blütentraube der *Esparsette.* Die Pflanze mit dem französisch klingenden Namen und den roten, mit gelben Streifen verzierten Schmetterlingsblüten wird gelegentlich als eiweißreiches Futter angebaut oder auch als stickstoffhaltiger Gründünger untergepflügt.

Mit breiten Schwingen rudert ein *Mäusebussard* seinem Schlafbaum zu, ein Mückenschwarm tanzt in unermüdlichem Auf und Ab zwischen zwei Birkenstämmen, die ersten *Nachtfalter* taumeln über das Gras; bestimmte Blumen warten auf ihren Besuch, wie etwa die Familie der *Schwärmerblumen.* Den *Nachtfalterblumen* fehlen in der Regel die bunten Farben der von Taginsekten besuchten Blüten. Bei ihnen dominieren reines Weiß und bleiche Farben, die im schwachen Licht der Dämmerung gut zur Geltung kommen. So sind zum Beispiel die leuchtend weißen Blütenteller der *Zaunwinde* selbst bei anbrechender Nacht noch weithin sichtbar. Angelockt werden die Nachtschmetterlinge aber meist durch die intensiven Wohlgerüche, die den blassen, unscheinbaren Schwärmerblüten entströmen, Düfte, die über sehr weite Entfernungen wahrgenommen werden.

Eine außerordentlich kräftige Flugmuskulatur befähigt diese Tiere zu ungewöhnlichen Flugleistungen. Ihr pfeilschneller Flug – es werden Geschwindigkeiten von über 50 Stundenkilometer erreicht – hat nicht die geringste Ähnlichkeit mit dem taumelnden Flatterflug der Tagfalter. In bezug auf Schnelligkeit, Ausdauer und Manövrierfähigkeit weisen von allen Insekten nur die großen *Libellen* ähnliche Flugleistungen auf.

Während des Tages sitzen die meisten Nachtfalter wie erstarrt an einem dunklen Ort. Sobald die letzten Sonnenstrahlen von der hereinbrechenden Dunkelheit verdrängt sind, geht ein Zittern und Vibrieren durch die Körper der nächtlichen Schwärmer. Ist eine bestimmte Schwingungszahl der Flügel erreicht, heben die Tiere wie Hubschrauber von ihrer Unterlage ab und schießen blitzschnell davon. Wenn sich ein Schwärmer, vom Duft einer Weißen Lichtnelke, eines Wald-Geißblatts, einer Nachtkerze oder eines Natternkopfes wie von einem Radarstrahl geleitet, auf wenige Meter einer Blüte genähert hat, peilt er diese erst mit seinen Augen an. Dann steht er sekundenlang im Schwirrflug vor dem lockenden Ziel und taucht seinen langen Rüssel tief in den Blütenkelch. Wenige Augenblicke später ist der Schwärmer schon wieder verschwunden und saugt an einer anderen Blüte. Die von Nachtfaltern besuchten Blumen haben sich ihren Gästen weitgehend angepaßt. Die Blüten der *Weißen Lichtnelke* zum Beispiel öffnen sich nur am Abend; tagsüber sehen sie aus wie verwelkt. Und erst in den Abendstunden verströmen sie ihre intensiven Wohlgerüche, wie etwa das stark duftende, blaßrosa *Seifenkraut*. Ich bin zwar kein Nachtschwärmer, aber auch durch meine Nase ziehen Düfte, die mich daran erinnern, daß es nun aber höchste Zeit wird, nach Hause zu gehen. Aus den Wiesen schallt der Ruf des *Wachtelkönigs* zu mir herauf, und es glänzt an den Gräsern schon etwas Tau. Eine *Fledermaus* huscht im Zick-Zack-Flug um die alte Eiche, eine Amsel zetert hoch im Hagebuttengebüsch. Lautlos schwebt ein *Waldkauz* über den würzig duftenden Klee, aber immer nur am Waldrand entlang. Und jedesmal, wenn er in der Nähe eines Baumes vorbeistreicht, klatscht er seine Flügel laut unter dem Leib zusammen. Er hofft wohl, dadurch bereits zur Ruhe gegangene Singvögel wieder aufzuscheuchen, um sie mit seinen nadelscharfen Fängen zu schlagen. Denn Futter braucht er für seine drei Jungen, die in gebotenem Abstand hinter ihm herstreichen, mit dünnen Stimmchen bettelnd. Sonst aber ist es jetzt still hier draußen. Das Konfetti der Sterne beginnt zaghaft zu funkeln, und gelb wie eine reife Honigmelone hängt ein halber Mond über den fernen Hügeln.

*Immer seltener werden Mischwälder in ihrer natürlichen Zusammensetzung. Ohne äußeren Eingriff wären bei uns Wälder, die nur aus einer Baumart wie Fichte, Kiefer oder Pappel bestehen, sehr selten. Erst der wirtschaftende Mensch hat große Waldflächen gerodet* ►

# Verborgenes Leben im Hochwald

Moosig und feucht ist der Waldgrund. Weißgepunktete *Fliegenpilze* leuchten aus dunklem Grün wie rote Ampeln, ockerbraune *Stockschwämmchen* und büscheliger, gelblich-roter *Hallimasch* auf einem halb verfaulten Fichtenstamm stehen dicht beieinander. Schuppige *Habichtspilze* wuchern nebenan, und grünliche, gelbe und violette Hütchen anderer Schwämme – genießbare und giftige – machen den Wald zu einer einzigen Pilzoase. Aber all diese Reichtümer interessieren mich heute nicht; ich suche nur nach den dunkelbraunen Kappen kerniger *Steinpilze* und nach dem festen Fleisch eigelber *Pfifferlinge*.
Ich muß daran denken, was mir früher mein Vater immer gesagt hat: Junge, du darfst die Pilze niemals nur danach beurteilen und behandeln, ob sie eßbar, unbrauchbar oder giftig sind. Für den Wald sind alle Pilze von solcher Bedeutung, daß er ohne sie in große Schwierigkeiten geraten könnte. Denn das, was wir als Abwechslung unseres Speisezettels schätzen, das sind ja nur die Fruchtkörper der Pilze, während der Pilz selbst als bleiches, weißes, unterirdisches Gespinst durch den Waldboden rankt, die Pflanzenwurzeln umschlingt, sie oft dicht wie ein Fingerhut umhüllt und der grünen Pflanze wertvolle Nährstoffe zuträgt. Keine Waldpflanze vermag ohne diese hilfreichen Pilzzwerge zu gedeihen. Darum sollen die Pilze auch nicht abgebrochen oder abgeschnitten, sondern recht behutsam aus dem Boden gehoben und gedreht werden.
Das Abbrechen und Abschneiden empfiehlt sich nicht, weil gerade die im Boden steckende Knolle recht oft das entscheidende Merkmal eines giftigen Pilzes ist. Irgendwelche Patentrezepte für diese wichtige Unterscheidung zwischen Speisepilzen und Giftpilzen gibt es übrigens – wenn man ganz sicher gehen will – nicht. Weder der silberne Löffel im Pilzgericht noch das Salz- und Natronwasser, weder die Schnecke am Pilz noch die Milchabsonderung, weder der schlechte noch der gute Geruch und Geschmack, weder die Verfärbung des Fleisches noch die Beschaffenheit der Haut können uns sagen, ob wir einen giftigen oder eßbaren Pilz gefunden haben. Ganz allein die genaue Kenntnis der Pilze vermag uns vor gesundheitlichen Schäden zu bewahren.
Gebrochen, wie durch bleigefaßte, kleine Scheiben fällt gelbes Sonnenlicht durch das dichte Nadelwerk in den Bäumen, Wellen von schwerem Harzduft ziehen vorüber. Ein Schwarzspecht rutscht – behend wie ein kleiner schwarzer Affe – einen halbdürren Fichtenstamm hoch, hämmert mit seinem keilförmigen Schnabel, daß es weithin schallt. Wie ein Stückchen glühender Kohle leuchtet unter ein paar Sonnenstrahlen

das rote Barett des rabenschwarzen Gesellen. Als er mich entdeckt, schwirrt er hastig ab. Seine durchdringende Stimme gellt wie Hexenlachen durch den stillen Wald.
In einiger Entfernung ziehen rote Schatten durch rostbraunes Waldgras – *Rehe!* Sie haben alle drei die Köpfe am Boden, nur selten sichert eins. Es ist eine Ricke mit zwei Jungen. Eins der weißgetupften Rehkitze zupft mit seinem samtschwarzen, feucht schimmernden Geäse junge Blättchen von einem wilden Stachelbeerbusch. Rehe gehören zu den anmutigsten Wildtieren in der Bundesrepublik. Zierlich und schlank – selbst ausgewachsene Tiere werden in der Regel kaum schwerer als 40 Pfund – kann man sie vor allem morgens und abends auf Wiesen und Feldern äsen sehen. Will man die scheuen und schreckhaften Tiere auch im Wald zu Gesicht bekommen, ist äußerste Vorsicht und Ruhe geboten. Das Rascheln von Butterbrotpapier oder auch nur das Geräusch eines brechenden Zweiges auf dem weichen Waldboden genügen, um von einem Reh bestenfalls den weißleuchtenden Spiegel – so bezeichnet die Jägersprache den kleinen Stummelschwanz – zu sehen.
Anders reagieren manchmal die noch etwas tolpatschigen *Kitze.* Es kommt immer wieder vor, daß ein junges Reh statt wie seine Mutter das schützende Dickicht zu suchen, bei herannahenden Spaziergängern sich flach auf den Boden drückt. Hat man das Tier entdeckt, darf man zwar einen Augenblick stehen bleiben; auf keinen Fall aber sollte man annehmen, das Kitz sei von seiner Mutter verlassen. Im Gegenteil: man darf sicher sein, daß das Alttier aus sicherer Entfernung die Szene genau beobachtet. Die Mutter wird rasch wieder zu ihrem Jungen zurückkommen, wenn die Spaziergänger außer Sicht- und Hörweite sind. Wurde das Rehkitz aber von Menschen gestreichelt und trägt es dadurch den fremden, angsteinflößenden Geruch, ist es durchaus möglich, daß die Alte ihr Junges nicht mehr annimmt und zugrunde gehen läßt. Also: Hände weg von jungen Tieren!
Übrigens: So friedlich Rehe im allgemeinen aussehen, so gereizt und jähzornig können sie sich schon beim geringsten Anlaß gegenüber Artgenossen verhalten. Alljährlich in der ersten Märzhälfte werden vor allem die Rehböcke, die sich während des Winters mit zahlreichen Artgenossen zu Notgemeinschaften, zu Rudeln oder »Sprüngen« zusammengeschlossen haben, gegeneinander recht unduldsam. Die älteren Böcke tyrannisieren die jüngeren, bis jeder seine eigenen Wege geht und die Wintergemeinschaft auseinanderbricht. Es ist eine weitverbreitete, aber irrige Vorstellung, daß Rehe auch im Sommerhalbjahr in größeren Rudeln leben. Vielmehr sind sie dann, von der Paarungszeit abgesehen, extreme Einzelgänger, und jedes dieser grazilen Sinnbilder des Waldfriedens ist des anderen erbitterter Feind – von einer Ricke, die ihre Jungen führt, einmal abgesehen.
Im Frühjahr muß also jeder Rehbock versuchen, von einem möglichst großen und günstig gelegenen Waldgebiet für sich allein Besitz zu ergreifen. Besonderen Wert legt er dabei auf das Vorhandensein einer geschlossenen Fichtendickung, wo er Zuflucht finden und ungestört ruhen kann. Ebenso wichtig ist es, daß von diesem »Unterstand« aus auf möglichst kurzem Wege Flächen mit reichhaltiger Äsung zu erreichen sind, also grasbewachsene Waldlichtungen, Wiesen und Getreidefelder.
Da die Waffe der Böcke, das spitze, bis zu sechs Enden zählende »Gehörn«, im März noch nicht

einsatzbereit ist, sondern noch vom Bast, einer stark durchbluteten, äußerst schmerzempfindlichen Haut, freigefegt werden muß, haben sich bei der Eroberung und Verteidigung eines Reviers besondere Verhaltensregeln ausgeprägt. »Besichtigt« zum Beispiel ein rangniederer Bock ein Waldstück, auf das schon ein ranghöherer ein Auge geworfen hat, so genügt es vollauf, wenn der ranghöhere seine Lauscher (Ohren) zurücklegt und nur mit einer abrupten Kopfdrehung zu seinem Rivalen hinüberäugt. Allein mit dieser Geste schlägt er ihn in die Flucht. Im Sommer dagegen ist meistens das Geweih bei einer Auseinandersetzung ausschlaggebend.

Ich habe um die dreiköpfige Rehfamilie zwischen dem hohen Waldgras einen großen Bogen geschlagen, um sie in ihrer Ruhe nicht zu stören. Nach kurzer Zeit stoße ich auf eine kleine versteckte Waldlichtung. Oben in den Wipfeln der Fichten wiegen sich rotgoldene Zapfen im milden Sommerwind; aber hier unten ist es still und warm. Bienen summen zwischen hochaufgeschossenen, kräftig rosa blühenden Weidenröschen. Silberne Fliegen schwirren um die knorrigen Stämme, die gelbgrünen Federbällchen winziger *Sommergoldhähnchen* wispern in den Zweigen. Alles Leben ist hierher gezogen, wo ihm der Wind nicht beikommen kann. Da wärmt sich ein *Tagpfauenauge* an einem silbergrauen Kiefernstumpf, und eine grünschillernde *Smaragdeidechse* sonnt sich auf weichem Moospolster.

Ich habe mich ins hohe Waldgras gelegt, den Rücken gegen einen Holzstapel gelehnt. Ich sehe der rotleibigen *Sandwespe* zu, wie sie eine mit Hilfe ihres Giftstachels gelähmte Spinne zu ihrer unterirdischen Höhle schleppt. Ein gelbgrün glitzernder Käfer rennt hastig über den grauen Flechtenbewuchs eines gefallenen Baumriesen.

Ich necke mit einem langen Grashalm eine Blindschleiche, die zuerst danach schnappt, dann aber rasch im nahen Brombeergestrüpp verschwindet.

Bild 29

*Ein Rehkitz, das man auf einer sommerlichen Wiese allein antrifft, wurde vom Muttertier nicht verlassen. Die Ricke hält sich meistens in der Nähe auf. Die jungen Rehe soll man auf keinen Fall anfassen, da die Mutter das Jungtier nicht mehr annehmen könnte*

Mit schmetternden Kanarienschlägen steigt ein erdbrauner *Wiesenpieper* von der Waldlichtung auf und senkt sich mit ersterbendem Pfeifton wieder hinunter in die Graswildnis.
Noch vor kurzem zeigte hier das großblättrige *Salomonssiegel* seine weiße Blütenpracht. Die Pflanze ist dem vielblütigen Maiglöckchen sehr ähnlich, ihre Blüten werden aber größer und erinnern etwas an die Form von Gewürznelken. Auch die Giftstoffe, die in der Maiblume enthalten sind, kehren in der *Weißwurz* wieder, wie das Salomonssiegel auch genannt wird. Sogar den angenehmen Duft hat diese Blume von ihrer kleineren Verwandten geerbt. Bis auf den heutigen Tag ist dieser recht selten gewordenen Pflanze der Ruf einer Zauberblume geblieben. Sie ist die »Springwurz« der Märchen und Sagen, die verschlossene Türen öffnet und aus den Felsen Quellen springen läßt.
Seinen Namen hat das Salomonssiegel von der typischen Zeichnung seines Wurzelquerschnittes, der an Salomons Siegel erinnern soll.
Hangabwärts, an einen moorigen Quellgrund gedrängt, ragen mannshoch die gefurchten Stengel des *Echten Baldrians* aus dem üppig wuchernden Pflanzengewirr. Die fleischroten Blütendolden verbreiten einen so starken Duft, daß man ihn noch aus einer Entfernung von hundert Metern wahrnehmen kann. Merkwürdigerweise hat der herbe Geruch besonders auf Katzen großen Einfluß. Man hat beobachtet, daß diese Tiere in eine Art wilder Verzückung geraten und sich mit großem Geschrei zwischen den Blüten wälzen. In Gebirgsgegenden nennt man die Pflanze auch *Wildfräuleinkraut* und erzählt, die sogenannten Holzfräulein seien in Pestzeiten aus dem Wald gekommen und hätten den verzweifelten Menschen zugerufen: »Eßt Pimpernellen und Baldrian, so geht euch die Pest nicht an.«
Mit Sicherheit erwiesen ist die beruhigende Wirkung von Baldriantee, der in erster Linie aus den Wurzeln der Pflanze zubereitet wird. Man muß auf eine Tasse aber schon zwei Teelöffel Baldrian-Wurzeln nehmen, um die erwartete Wirkung möglichst rasch zu erzielen. Da sich die Wirkstoffe aus den Wurzeln nur sehr langsam herauslösen, hat es sich bewährt, den Tee lange »ziehen« zu lassen. Man stellt also einen Baldriantee nicht in der gleichen Weise her wie etwa einen Kamillentee durch Aufbrühen mit heißem Wasser; sondern man muß die Baldrianwurzeln mit dem Wasser, gleichgültig ob man heiß oder kalt aufgegossen hat, einige Stunden lang stehen lassen. Dann erst kommen die heilkräftigen Wirkstoffe aus den zerkleinerten Wurzeln in genügender Menge heraus. Am besten bereitet man den Tee, den man abends vor dem Schlafengehen trinken will – vor einer schweren Schulaufgabe kann das manchmal Wunder wirken! –, schon am Morgen zu und läßt ihn dann bedeckt bis zum Abend stehen. Eine Tasse Baldrian wird nach dem Abendessen und eine zweite vor dem Schlafengehen getrunken. Das beruhigt in vielen Fällen die Nerven so gut, daß man nicht nur schneller und besser schläft, sondern am nächsten Morgen auch schwierige Arbeiten mit weniger Aufregung meistert.
Noch höher als die Stengel des Baldrians schiebt der *Rote Fingerhut* seine daumengroße Blütentraube; hier an diesem feucht-moosigen Hang erreichen die weichbehaarten Stauden mit ihren graufilzigen Blättern Höhen bis zu 2,20 Meter. Die samtige Einzelblüte, von der bisweilen mehr als fünfzig Exemplare an einem einzigen Stengel wachsen, besteht aus einer leicht geschweiften,

*Bleiches Waldvögelein*

*Berg-Wohlverleih*

*Wolfs-Eisenhut*

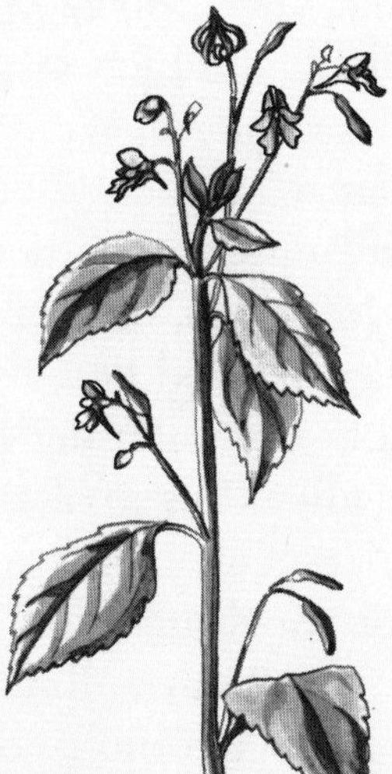

*Kleines Springkraut*

*Echtes Springkraut*

*Der Salomonssiegel, eine giftige Pflanze unserer Laubwälder, wurde früher als Heilpflanze bei Entzündungen verwendet. Sie blüht etwa von Mai bis Juni und wird 25–60 cm hoch; von den Blattachseln entspringen je 1–2 schmalglockige, grünlichweiße Blüten*

Bild 30

purpurroten Röhrenkrone, deren tiefer Schlund weiß und dunkelrot gefleckt ist. Die bizarre Fleckung der in erster Linie von Hummeln beflogenen Blüten vererbt sich, nicht aber das Muster, das die Flecken bildet. Deshalb gleicht keine Blüte genau der anderen. Die Flecken entstehen nach einem ähnlichen Prinzip wie Eisblumen am winterlichen Fenster.

Der Rote Fingerhut steht streng unter Naturschutz und ist vielleicht die wichtigste Heilpflanze Mitteleuropas. Digitalis zählt auf der ganzen Welt zu den besten Arzneimitteln bei Herzkrankheiten. Im Mittelalter wurde der stark giftige Fingerhut als äußerlich anzuwendendes Heilmittel bei Kropf- und Drüsengeschwülsten angewandt. Vor 200 Jahren hat dann ein englischer Arzt die Blätter als wirksames Mittel gegen Wassersucht entdeckt, jedoch nur arme Leute damit behandelt, weil er wegen des hohen Giftgehaltes ständig um das Leben seiner damit behandelten Patienten besorgt sein mußte. Anfang des 19. Jahrhunderts schließlich fand ein französischer Mediziner den herzwirksamen Stoff Digitalin in den runzligen Blättern. Diese Substanz hat die merkwürdige Eigenschaft, die Herztätigkeit in auffallender Weise zu mindern, weshalb es bei Herzkrankheiten ein wichtiges, aber nur mit großer Vorsicht und unter ärztlicher Kontrolle anzuwendendes Mittel ist, das bei zu großer Dosis Herzlähmung und Tod herbeiführt. Einen ähnlichen Wirkstoff, der unter der Bezeichnung Strophantin vor allem aus afrikanischen Hundsgiftgewächsen gewonnen wird, verwenden Eingeborene im Kongo als Pfeilgift.

Neben dem Baldrian und dem Roten Fingerhut ist die grell gelb blühende Pflanze mit dem angenehm klingenden Namen *Bergwohlverleih* oder *Arnika* die dritte wichtige Heilpflanze, die hier in diesem Waldgebiet – wenn auch bevorzugt auf sandigen, nährstoffarmen Waldwiesen – in kleineren Gruppen vorkommt. Ihre dottergelben, aromatisch duftenden Blütensterne, die einer gelben Margerite sehr ähnlich sehen, hat sich schon Johann Wolfgang von Goethe als Tee gegen seine Herzanfälle zubereiten lassen. Medizinwissenschaftler fanden heraus, daß die wirksamen Inhaltsstoffe der Arnika und des Roten Fingerhuts sich in idealer Weise ergänzen. Man rühmt der Pflanze allerdings auch nach, daß sie geronnenes Blut zerteile. In einem Kräuterbüchlein aus dem 16. Jahrhundert kann man dazu lesen: »Bei den Sachsen braucht es das gemeine Volk, so jemand hoch hinunter gefallen oder sich sonst etwa mit Arbeit verletzt hat. Sie nehmen eine Handvoll, sieden's in Bier, trinken des Morgens einen Trunk davon warm, decken sich zu und schwitzen; wo sie sich dann verletzt haben, empfinden sie am verletzten Orte große Schmerzen auf zwei oder drei Stunden und werden alsdann kurieret. Haben sie sich aber nicht verletzt, spüren sie keine Veränderung.«

Inzwischen bin ich ganz schön hungrig geworden. Ich suche mir ein schattiges Plätzchen und krame zwei mit Schinken belegte Brötchen aus meiner umgehängten Tasche. Ein Schluck kalter Tee aus der Plastikflasche, und als Nachspeise ein paar Hände voll dunkelblauer Heidelbeeren – ein herrliches Mittagessen.

Über flechtenbewachsene Granitblöcke, wie spielerisch von Märchenriesen zwischen die Stämme des Hochwaldes verstreut, gelange ich an eine Stelle, wo ebenfalls scheinbar übernatürliche Kräfte am Werk gewesen sein müssen. Mächtige Baumstämme sind hier aufgetürmt, zerprellt und ineinander verkeilt. Starr ragen sonnengedörrte Äste hoch, an einzelnen Felsen lehnen faserig geknickte Baumleiber: ein Windbruch. Im Stürzen wurden die dicken Ballen der Wurzelstöcke hochgerissen, es bildeten sich Gruben und Wälle wie nach dem Einschlag von Granaten. Auf dem so gründlich aufgelockerten Boden siedelten sich dichte Brombeerhecken an, buschige Haselstauden und hohes Waldgras, das sich im Wind auf den Wällen wiegt.

Der Windbruch, der hier vor ein paar Jahren durch einen Sturm entstand, geht auf das Konto moderner Waldwirtschaft: alle Bäume schön in Reih' und Glied, einer hinter dem anderen, schnurgerade, manchmal kilometerweit. Findet der Sturm erst einmal ein Loch, dann mäht er die Stämme hundertweise, wirft sie durcheinander, drückt ihre Kronen auf die Erde, daß ihre Wurzeln in die Luft fahren, knickt und bricht sie wie Halme.

Der Anblick der Zerstörung dieses Schlachtfeldes mitten im Wald bedrückt mich. Es wird mir erst wohler, als ich einen munteren *Zaunkönig* mit senkrecht aufgerichtetem Schwänzchen zwischen dem wilden Durcheinander entdecke. Das alles scheint hier richtig nach seinem Geschmack. Wo er hinsieht mit seinen schwarzen Augen, gibt es etwas für das spitze Schnäbelchen: erst eine Spinne, dann einen Käfer, eine Raupe oder eine Larve. Eine Wonne muß das für den kleinen Kerl sein, zwischen dem Wurzelwerk und dem Astholz umherzuschlüpfen, hier eine langbeinige Mücke aus dem Moos picken, dort einen Wurm aus dem faulen Holz zu ziehen. Doch plötzlich fliegt der Zaunkönig auf den höchsten Splitter einer umgestürzten Fichte, kaum zehn Meter von mir entfernt, und schmettert sein Lied in die grün-braun-graue Wildnis zu seinen winzigen Füßen, so laut, als wäre er fünfmal so groß wie er wirklich ist.

Jetzt sausen zwei *Ringeltauben* heran; der Täuber flattert über mir, klatscht mit den harten

Schwingen und fällt dann gut einen Steinwurf weit in einer jungen Buche ein. Der Zaunkönig schimpft ein paarmal »zeck-zeck« und verschwindet zwischen den faulenden Baumriesen. Ich nehme mir vor, den Ringeltauber anzupirschen; vielleicht komme ich nahe genug an ihn heran, um ihn mit dem Fernglas genau beobachten zu können.

Bild 31

*Der Rote Fingerhut, eine auffällige, bis 150 cm hohe Pflanze der Bergwälder, blüht etwa von Juni bis Juli an Waldwegen, Waldlichtungen und in Kahlschlägen. Die Blüten sind 4 – 5 cm lang, purpurn (selten weiß), innen gefleckt. Die Pflanze ist sehr giftig*

Er trommelt selbstvergessen sein gurrendes Balzlied, schenkt dem, was unter ihm vorgeht, nicht die gewohnte Beachtung. Durch einen dichten Verhau großblättrigen *Adlerfarns* finde ich schließlich eine günstige Position. Das Trommeln und Gurren des Taubers ist verstummt. Durch das Fernglas sehe ich seine gelben Augen, seine Halsbinde sticht weiß, goldgrün und kupferrot von dem graubraunen Brustgefieder ab. Er schüttelt heftig sein Federkleid, plustert sich auf, zupft hier und da eine Feder zurecht, spreizt die Flügel, fächert den Schwanz und sitzt dann still, in die Sonne blinzelnd.

Als ich mich sattgesehen habe, mache ich mich auf den Weg auf die andere Seite des Tals, wo sich über flachen Hügeln artenreicher Mischwald ausbreitet. Hier blüht jetzt das seltene *Rote Waldvögelein*, ein Mitglied aus der großen Familie der Orchideen. Zehn, an manchen der etwa 50 Zentimeter hohen Stengel bis zu 15 purpurrote Blüten sind wie an einer Fahnenstange voller Wimpel unter- und übereinander geordnet. Kontrastreich daneben stehen in etwas größerer Zahl die elfenbeinfarbenen Blütenstände des *Bleichen Waldvögeleins.* Etwas kleiner als ein Fingerhut, den Mutter zum Stopfen verwendet, unterscheiden sich die Blüten der beiden Arten eigentlich nur durch ihre Färbung. Vor mir liegt eine sonnige kleine Lichtung. Im Näherkommen höre ich ein dauerndes Knallen und Knistern, als würde ein kleines Feuer aus dürren Reisern geschürt. Welch ein seltenes Schauspiel! Von einem Feuer ist weit und breit

*Mindestens 100 Jahre lang war der von Pflanzen und Tieren belebte Waldboden durch das Kronendach der Bäume geschützt. Nach dem Kahlschlag wirken Sonne, Wind, Regen und Frost ungehemmt auf den schutzlosen Boden ein, was einer Katastrophe für Pflanzen und Tiere gleichkommt* ▶

nichts zu sehen. Das Geräusch wird von ein paar etwa metergroßen, buschähnlichen Stauden verursacht: In unaufhörlicher Folge platzen die Bauchnähte der schotenähnlichen Früchtchen auf, und ein Samenregen rieselt auf die umstehenden Pflanzen nieder. Wenn ich an schwülen Frühlingsabenden hier vorbeikam, lag ein süßer, schwerer Duft über diesem Waldstück. Er entströmte den großen rosaroten, mit dunklen Adern durchzogenen Blüten des *Weißen Diptam,* den die Leute im Dorf immer nur »Brennenden Busch« nennen. Eine rätselhafte Blumengestalt ist dieser Diptam, der seinen fremdklingenden Namen der Eindeutschung des lateinischen Wortes Dictamnus verdankt, das wiederum von dem Berg Dicte auf der Insel Kreta abgeleitet ist. Halb Strauch, halb Blume, mit aromatisch duftender Wurzel und einem zitronenähnlichen Blütengeruch, der Stengel mit würzigem Öl behaftet, macht der Brennende Busch seiner Volksmundbezeichnung alle Ehre. An heißen Tagen verdunsten die in allen Pflanzenteilen enthaltenen Öle so stark, daß es bei Windstille über dem Diptam angezündet werden kann – in unseren Breiten eine einmalige Erscheinung. Einige der edelsten Früchte, die aus südlichen Ländern zu uns gelangen, sind übrigens eng mit dem Brennenden Busch verwandt: Apfelsinen, Zitronen und Pampelmusen.

Weit häufiger als der seltene Diptam-Strauch ist das *Echte Springkraut* oder *Rühr-mich-nicht-an.* Das zarte, fast ein Meter hohe Gewächs sonnendurchfluteter Mischwälder, an dessen glasigen Stengeln goldgelbe, innen rot punktierte Blüten mit langem gekrümmten Sporn hängen, hat aber ähnliche Fähigkeiten wie die Kreta-Pflanze. Im Gegensatz zum Brennenden Busch, bei dem trockene Sommerhitze zum knallenden Platzen seiner Früchte führt, bedarf es beim Springkraut heftigen Gewitterdonners, um die dünnen Schoten zum Explodieren zu bringen. Dann aber entleeren sich die Samenbehälter in ähnlicher Weise wie beim Diptam – meterweit werden die reifen Früchte geschleudert. Denselben Effekt kann man beim Springkraut erzielen, wenn man die Samenkapseln leicht mit der Fingerspitze berührt, deshalb heißt es ja auch Rühr-mich-nicht-an.

Man muß wirklich nicht erst in ferne Länder reisen, um außergewöhnliche Pflanzen bewundern zu können. Wenn man Glück hat, wachsen exotische Blumenschönheiten auch im Wald vor der Stadt oder in unmittelbarer Nähe eines Dorfes. Natürlich gehört auch etwas Geduld dazu, um besonders reizvolle Arten zu finden, da sie häufig nur noch in verschwiegenen Winkeln vorkommen. Dies trifft ganz besonders für die prachtvollen Blütensträuße der *Türkenbund-* oder *Marslilie* zu, die trotz strengster Naturschutzbestimmungen in den letzten Jahren außerordentlich selten geworden ist. Aus der goldgelben Zwiebel steigt der starke Stengel bis zu 100 Zentimeter empor, trägt schmale lanzenähnliche Blätter und in einer lockeren Traube große, nickende, blaß rosafarbene und rotbraun gepunktete Blüten, die außergewöhnlich stark duften. Ein typisches Kennzeichen von Liliengewächsen fällt beim Türkenbund besonders stark ins Auge: Vollkommen ungeschützt ragen aus den nach rückwärts gebogenen Blütenblättern bündelweise die prall gefüllten Staubgefäße.

Durch das sinnlose Abholzen großer Waldgebiete – vor allem der Buchen- und Eichenwälder – ist der Bestand zahlreicher seltener Pflanzen aufs höchste gefährdet. Es sollte daher das Bestreben jedes Naturfreundes sein, gegen die Vernichtung unserer Wälder Widerstand zu leisten. Denn am Wald und seinen Bewohnern können wir uns nur dann erfreuen, wenn dem Raubbau an der Natur endlich Einhalt geboten wird. Für die Gesundheit von Menschen und Tieren sorgen nicht die riesigen Betonwüsten an den immer weiter ausufernden Stadtrandgebieten, denen immer mehr Wald zum Opfer fällt, sondern in erster Linie das beschirmende Blätterdach von Laub- und Nadelbäumen. Ohne die großen Flächen pflanzlichen Grüns wäre menschliches und tierisches Leben überhaupt nicht denkbar. Die Pflanzen der Erde liefern uns nicht nur Nahrung und Kleidung, sie legten auch unseren Energievorrat an: Kohle und Erdöl. Noch viel wichtiger ist aber der Sauerstoff, den sie produzieren. In einem einzigen Blatt mit Millionen von grünen Chlorophyllkörnern entstehen unter dem Einfluß der Sonnenstrahlen aus Kohlensäure und Wasser unter anderem Traubenzucker, Stärke und Vitamine. Wir wissen heute auch, daß das Grün der Natur zur Stärkung unserer Sehkraft und Entspannung der Nerven überaus wichtig ist.

Außerdem beeinflußt der Wald unser Klima und damit die Fruchtbarkeit der Landschaft in vieler Hinsicht, denn von ihm ist der Wasserkreislauf abhängig. Das Blätterdach schirmt Pflanzen und Tiere des Waldes gegen übermäßige Sonneneinstrahlung ab und gleicht Temperaturunterschiede aus. Aus den jährlich fallenden Blättern entsteht – mit Hilfe der Regenwürmer, wie wir bereits gesehen haben – Humus. Ein Teil der Niederschläge wird in den Baumkronen aufgefangen und verdunstet wieder, so daß neue Niederschläge entstehen können.

Die Wurzeln der Bäume durchsetzen den Boden, festigen ihn und halten damit das auf die Erdoberfläche fallende Wasser fest. Auf diese Weise kann Wasser in riesigen Mengen gespeichert werden – man schätzt bis zu 2000 Tonnen pro Hektar. Wird der Wald aber abgeschlagen und nicht sehr bald wieder aufgeforstet, sterben Pilze, Moose und andere für die Güte des Bodens wichtige Pflanzen ab, das Erdreich verliert an

Bild 32

*Der Türkenbund gehört zu unseren schönsten heimischen Liliengewächsen. Obwohl er unter Naturschutz steht, wird er immer seltener. Er blüht etwa von Mai bis Juli in krautreichen Laub- und Nadelwäldern und wird bis 150 cm hoch*

Saugfähigkeit und Festigkeit. Das Regenwasser wird nicht mehr festgehalten und schwemmt fruchtbare Humuserde ab. Der Boden, der nicht mehr durch den Wald geschützt ist, trocknet aus, und die günstigen Einwirkungen auf das Klima gehen verloren. Fruchtbarkeit und landwirtschaftliche Erträge gehen trotz größter Mengen künstlichen Düngers zurück. Die Armut vieler Länder, wie sie sich vor allem rund um das Mittelmeer gruppieren, wurde vor allem durch die rücksichtslose Abholzung ihrer großen Wälder verursacht.

Auf meiner Wanderung durch den sommerlichen Buchenforst, der an vielen Stellen durch Fichten- und Lärchenbestände das graue Einerlei der zinnfarbenen Hartholzstämme auf angenehme Weise unterbricht, gelange ich schließlich in eine tief in den Hang gegrabene Schlucht. Das dünne Rinnsal, das verborgen unter mannshohen Farnwedeln leise plätschernd dem großen Weiher am Fuß des Berges zueilt, ist für mich wie ein Knoten im Taschentuch. Hier fand ich bereits im Vorjahr den geheimnisumwitterten *Wolfs-Eisenhut.* Und auch dieses Jahr hat er zwischen drei mächtigen Buchenstämmen eineinhalb Meter hohe Stengel getrieben, auf denen gelbe, merkwürdig geformte Blüten an dicken Stielen sitzen. Betrachtet man nämlich die Blüten schräg von unten, sehen sie einem mittelalterlichen Sturmhelm täuschend ähnlich. Die Form der Blüte ist aufs beste der Bestäubung durch Hummeln angepaßt; nur diese Insekten sind kräftig genug, in dem engen Helm mit ihren langen Rüsseln an die Nektarbehälter zu gelangen. Menschen sollten sich von dieser Pflanze möglichst fernhalten, denn ihr hoher Giftgehalt kann leicht zu Unglücksfällen führen. Schon im Altertum wurde sie in südeuropäischen Ländern, aber auch in Indien, zur Herstellung von tödlichem Pfeilgift benutzt. Großwildjäger im Mittelalter haben ebenfalls erfolgreich mit dem aus Wurzeln und Stengeln gepreßten Saft operiert: Mit einem damit getränkten Pfeil für ihre Armbrust konnten sie Wölfe und Panther erlegen.

Mit dem Gift, das eine vielgeschmähte kleine Tierart in ihrem Stachel produziert, lassen sich zwar keine Raubtiere erlegen; aber als ich in einer uralten, halbmorschen Fichte zufällig das Nest einer der zahlreichen *Wespenarten* entdecke, ziehe ich es trotz aller Tierliebe vor, die Insekten aus sicherer Entfernung mit dem Fernglas zu beobachten. Die Ur-Vorfahren der Wespen hatten noch eine harmlose Legeröhre zum Eierlegen, die bei den »modernen« Wespen aber längst zu einem wehrhaften Stechapparat umkonstruiert worden ist. Ihn setzen die wehrhaften Tiere in jedem Falle erfolgreich ein. Natürlich sind Wespenstiche bei Erwachsenen, vor allem wenn nur Beine oder Arme getroffen wurden, nicht allzu schlimm. Wesentlich problematischer ist der Stich allerdings bei Menschen mit nicht ganz intaktem Kreislauf, vornehmlich also auch bei älteren Menschen. Bedenklich ist ein Wespenstich auch für Säuglinge und Kleinkinder. Ich möchte alle davor warnen, einen Wespenstich bei ein- bis zweijährigen Kindern mit den üblichen Hausmitteln zu behandeln. In diesen Fällen ist es ebenso ratsam, den Patienten in fachärztliche Behandlung zu bringen, wie bei Stichen innerhalb der Mundhöhle – wie das beim Essen saftigen Pflaumenkuchens immer wieder vorkommt. Für den normalen und in den meisten Fällen harmlosen Wespenstich empfehlen Mediziner eine Behandlung der Einstichstelle mit Salmiakgeist, essigsaurer Tonerde,

*Rotes Waldvögelein*

*Weißer Diptam*

*Roter Fingerhut*

*Echter Baldrian*

hochprozentigem Alkohol oder mit einer in jeder Apotheke vorrätig gehaltenen Cortisonsalbe. Andere Hausmittel werden hin und wieder ebenfalls mit Erfolg angewandt, zum Beispiel das Einreiben mit Zwiebelsaft. Wenn möglich, sollte man den Stachel aus der Einstichstelle herausziehen und sie anschließend mit dem Mund aussaugen.

Nicht alle Wespen sind gefährliche Stecher, manche können als Schädlingsjäger dem Menschen ausgesprochen nützlich und angenehm sein. Zu ihnen zählt die drei Zentimeter große *Holzschlupfwespe*. Ihr Hinterleib ist langgestielt, beweglich und biegsam; das Weibchen hat einen raffiniert konstruierten Legebohrer, der es ihm ermöglicht, die Haut der von ihr ausersehenen Tiere – meist Larven schädlicher Pflanzeninsekten – zu durchstechen und ihnen gleichzeitig und blitzschnell die Eier einzuverleiben. Die später ausschlüpfenden Schlupfwespenlarven zehren dann von dem Fett ihrer unfreiwilligen Wirte und fressen sie schließlich ganz und gar auf.

Das Zielgerät, mit dem die Holzschlupfwespe ihr Opfer anpeilt, übersteigt die Fähigkeiten der menschlichen Sinne weit. Manchmal kann man das schwarze, weiß gefleckte Insekt beobachten, wie es mit seinen langen rotgelben Beinen auf einem morschen Fichtenstumpf hin- und hertrippelt und offenbar etwas sucht. Plötzlich bleibt es stehen, verbessert seine Stellung noch um ein paar Millimeter und treibt dann seinen sechs Zentimeter langen, feingezahnten Bohrer mit beachtlicher Geschwindigkeit in das Holz. Sägt man den Holzstamm an dieser Stelle auf, so stellt man fest, daß sie eine im Holz verborgene Puppe oder Larve, deren Anwesenheit wir mit unseren Sinnen nicht bemerken konnten, treffsicher angebohrt und ein Ei in sie hineingelegt hat.

Höchstwahrscheinlich ortet die Schlupfwespe ihre Opfer nicht nur mit einem hochempfindlichen »Horchgerät«, sondern mit einer ebenso empfindlichen »Wundernase«. Dieses doppelt abgesicherte Peilsystem ist notwendig, damit dem Schlupfwespenweibchen im Interesse der Arterhaltung keine Irrtümer unterlaufen. Denn würde das Schlupfwespenei in eine falsche Larve oder Puppe gelegt, müßte es zugrunde gehen, weil das Opfer stirbt, bevor sich aus dem Ei eine Made und hieraus wieder eine allein lebensfähige Schlupfwespenpuppe entwickelt hat. Andererseits darf der Wirt auch nicht zu vital oder zu langlebig sein, da er dann das Ei in seinem Körper abtötet oder die ausschlüpfende Wespenmade auffrißt. So hat fast jeder kleine Holzbewohner seine spezielle Schlupfwespenart zum Feind, die nur ihn allein sucht und durch ihn allein den Fortbestand ihrer Art sichern kann.

Im Normalfall schlüpft nach einiger Zeit die Schlupfwespenlarve aus und frißt zunächst die weniger lebenswichtigen Gewebe des Wirtstieres, wie zum Beispiel Fettkörper und Blut, so daß das befallene Tier sein Leben noch nahezu normal fortführen kann. Erst gegen Ende ihrer Entwicklung beginnt die Larve auch die lebenswichtigen Organe ihres Wirtes anzugreifen, bis dieser stirbt.

# In der Wasserwildnis

Die sumpfige Wasserwildnis mit ihren verschwiegenen Teichen und Tümpeln habe ich mir heute zum »Jagdrevier« erkoren. Am Wegrand blinkt der üppig ins Kraut schießende *Sauerampfer* wie frisch getriebenes Kupfer, und wie Girlanden hängen über dem öligen Wassergraben die giftblauen Blüten des *Bittersüßen Nachtschatten*. *Sumpfschachtelhalme* recken ihre kieselgepanzerten Stämmchen in die Höhe, und noch immer prangen stolz und kühl die letzten rotvioletten Blütenbäumchen des Gefleckten Knabenkrauts. Dort, wo das Moor an den sumpfigen Erlenwald grenzt, läßt die giftige *Schwarzwurz* ihre gelblich-weißen und rosaroten Glocken aus dem Riedgras baumeln. Zwischen graugrünen Weidenbüschen leuchten die weißen Kelche der *Zaunwinde*, und über ein blaues Dickicht von *Wickenblüten* erheben sich die mächtigen gelbbraunen Schirme der *Sumpfwolfsmilch*; ihr betäubender Honigduft läßt mich fast vergessen, daß der weiße Milchsaft dieser Pflanze hochgiftig ist.

Silbern schimmern die weichen Flaumköpfe des *Wollgrases* in der drückenden Mittagsglut. Ringsumher ist es ruhig, kaum eine Vogelstimme durchbricht die Stille. Nur aus dem Rutenwald der knorrigen Korbweiden perlt das dürftige Liedchen einer schwarzköpfigen *Rohrammer*. Die kochende Luft summt von Fliegen und Mücken, und über allem steht die Hitze wie gemauert.

Eingerahmt von den myrtenähnlichen Ranken der orangefarbenen *Moosbeere* – ihren zuckersüßen Geschmack bekommt sie erst nach dem ersten Frost – entdecke ich auf dem federnden Torfmoorrasen die zierlichen Blattrosetten des Rundblättrigen Sonnentaus. Der Sonnentau gehört zu den bekanntesten fleischfressenden Pflanzen mit besonders raffinierten »Mordwerkzeugen«. Tief ins Torfmoos gebettet steigt aus dem Blätterkranz ein etwa 15 Zentimeter langer Blütenschaft empor, der nur in der prallen Mittagssonne seine kleinen winzigen Sternblüten öffnet. Aber weit mehr als den unscheinbaren Blüten gilt mein Interesse den außergewöhnlichen Blättern dieser Pflanze, die auf ihrer Oberfläche und am Rand mit zahlreichen, lebhaft roten Drüsenhaaren besetzt sind. Die verjüngten Spitzen dieser Haare tragen knallrote, kölbchenartige Verdickungen. Jedes Kölbchen ist mit einem Tropfen kristallklarer Flüssigkeit umgeben, so daß jedes Blatt mit einer Krone zahlloser, im Sonnenschein funkelnder Brillanten geschmückt scheint.

Läßt sich ein Insekt verführen, von diesem glitzernden Tröpfchen zu naschen, so bleibt es mit dem Rüssel kleben. Das Drüsenhaar biegt sich nun der Mitte des Blattes zu und zieht das Insekt herunter auf den Blattgrund. Die umliegenden Drüsenhaare unterstützen diesen Fangvorgang, bis das Opfer in den Tropfen regelrecht ertränkt ist. Anschließend wölben sich die Blattränder und nehmen die Gestalt einer hohlen Hand an. Der klebrige Saft zersetzt das Insekt, nach einigen Tagen ist es bis auf kleine Chitinreste völlig verdaut.

Bild 33

*Der Wolfs-Eisenhut, eine giftige, 50–150 cm hohe Pflanze, gedeiht von der Ebene bis in über 2000 m Höhe an feuchten und schattigen Standorten. Sie blüht von Juni bis Juli und ist an den gelben und weißlichen, helmförmigen Blüten in einfacher oder verästelter Traube leicht zu erkennen*

Die roten, klebrigen »Tentakeln« des Sonnentaus reagieren übrigens auf kleine Käsestückchen in der gleichen Weise wie etwa auf Fliegen, Ameisen oder kleine Libellen. Auf Sandkörnchen, die ich zwischen die »Fangarme« werfe, reagiert das Pflänzchen dagegen überhaupt nicht. Das hat seine guten Gründe. Denn Moorboden ist Hungerboden; großen Mangel leiden die Sumpfpflanzen vor allem an Eiweiß und Stickstoff. Um diesen Notstand überwinden zu können, verschaffen sich etliche der Moorpflanzen zusätzlich tierisches Eiweiß, das jedoch in kleinen Steinen bekanntlich nicht enthalten ist. Wirft man dem Sonnentau kleine Bröckchen Rind- oder Schweinefleisch auf die Blätter, kann man den Fang-Mechanismus ebenfalls sehr schön beobachten.

Noch bemerkenswerter sind die Insektenfallen des freischwimmenden *Wasserschlauches*, der auf den benachbarten Moortümpeln sein »Unwesen« treibt. Auf den ersten Blick könnte kein Mensch – und natürlich erst recht kein Tier – die Gefährlichkeit dieser Pflanze erkennen. Im Gegenteil: Mit seinen zwei Zentimeter großen goldgelben Blüten, die in ihrer Form ein Ritterhaupt mit geschlossenem Visier nachahmen und dabei etwas an die Blüten des Wolfs-Eisenhuts erinnern, sieht das auch *Blasenkraut* oder *Wasserhelm* genannte Gewächs sogar besonders anziehend und reizvoll aus. Die untergetauchten Blätter teilen sich in viele haarfeine Zipfel, ähnlich einem Wurzelgeflecht. In den Blattwinkeln sitzen zahlreiche kleine Bläschen, die bei der

*Ein sogenannter Altwasserarm mit einem breiten Röhrichtgürtel aus Schilf und Rohrglanzgras birgt eine vielfältige Pflanzen- und Tierwelt auf engem Raum. Im Hintergrund säumen Auenwälder aus Weide, Erle, Faulbaum, Trautenkirsche und Esche das Tier- und Pflanzenparadies* ▶

*Echtes Mädesüß*

*Gemeiner Wasserhahnenfuß*

*Weiße Teichrose*

*Ufer-Wolfstrapp*

*Sumpf-Herzblatt*

*Rundblättriger Sonnentau*

jungen Pflanze mit Wasser gefüllt sind und sich zur Blütezeit wieder entleeren. Anschließend füllen sich die kleinen Säcke mit Luft, so daß sie wie Schwimmblasen wirken und den üppigen Blütensträußen oberhalb der Wasserfläche erst den nötigen Halt verleihen. Es ist daher nicht erstaunlich, daß man früher diese luftgefüllten Blasen lediglich für Schwimmblasen hielt. Inzwischen konnten Forscher aber nachweisen, daß die Pflanzen auch ohne diese Säckchen aufrecht zu schwimmen vermögen. Gleichzeitig erkannte man die wahre Natur dieser Schwimmblasenschläuche.

Infolge ständiger Wasserausscheidung aus den Blasenwänden herrscht im Innern der »Schläuche« stets ein gewisser Unterdruck, der durch eine festschließende »Klapptür« aufrechterhalten wird. Berührt ein kleines Wasserinsekt oder ein winziger Kleinkrebs die Härchen der Mündungsklappe, so springt diese nach innen auf, und das Opfer wird durch den entsprechenden Sog mit einer kleinen Menge Wasser in das Innere der Blase gestrudelt. Durch den Gegenstrom schließt sich die Klappe wieder, und das eingefangene Tier wird bald darauf durch eiweißspaltende Stoffe der Pflanze verdaut und von den stickstoffhungrigen Blasenwänden als regelrechte Kraftnahrung aufgesogen.

Die Pflanzen der Moore und Sümpfe zeigen uns aber nicht nur außergewöhnliche Lebensweisen und erstaunliche Ernährungsmethoden; sie sind zudem auch artenreich und formschön und mit einer Reihe von Fähigkeiten und Eigenschaften versehen, die unsere Aufmerksamkeit fesseln. Gleich purpurroten Flammentürmen erheben sich beispielsweise die 120 bis 150 Zentimeter hohen Blütenkerzen des *Blut-* oder *Ähren-Weiderich* über die üppigen Moospolster, der seinen Namen nicht nur wegen seiner Blütenfarbe bekommen hat, sondern auch weil er früher als blutstillende Heilpflanze verwendet wurde. Ebenbürtig in Größe und Schönheit ist der

Bild 34

*Die Rohrammer, ein unscheinbarer Vogel, etwa so groß wie ein Spatz, ist im Schilfröhricht von Teichen und Seen häufig anzutreffen. Das Männchen hat einen schwarzen Kopf, das Weibchen einen braunen. Die Rohrammer baut ihr Nest am Boden oder zwischen rankenden Stauden*

*Der Rundblättrige Sonnentau ist eine Charakterpflanze der Hochmoore. Die Blätter sind dicht von langgestielten, glänzenden Drüsenköpfen besetzt, die ein honigartiges Sekret zum Anlocken und Fangen von Insekten absondern*

Bild 35

*Gilbweiderich*, dessen höchste Spitze von einem dichten Strauß zitronengelber Blüten gekrönt ist. Die lateinische Bezeichnung der Pflanze – *Lysimachia* – geht auf einen Feldherrn Alexander des Großen namens Lysimachus zurück, der die Pflanze angeblich auf einem seiner Kriegszüge entdeckt haben soll. Einer anderen Legende zufolge soll Lysimachus bei einem seiner Feldzüge eine Königskrone gefunden haben, was einen griechischen Arzt veranlaßt haben soll, den Goldfelberich oder Gilbweiderich mit dem Namen dieses Feldherrn zu verbinden.

Diese Version der Namensgebung wäre durchaus verständlich; denn wenn man die goldgelben Kronenzipfel einer der eineinhalb Zentimeter langen Blüten des Gilbweiderichs zurückschlägt, dann entdeckt man im Kelch eine herrliche fünfzackige Krone. Außerdem sind die Staubgefäße zu einem breiten Band verwachsen, das, wenn später die Samenkapsel aufspringt, ebenfalls eine fünfzackige Krone darstellt. Durch die Haut der einer Lanzenspitze ähnlichen Blätter schimmern rote, ölhaltige Drüsen.

Unscheinbarer, aber deswegen nicht weniger ansehnlich ist das sogenannte *Sumpfherzblatt* oder *Studentenröslein.* Auf einem knapp halbmeterhohen Stiel thront ein einzelner rein weißer Blütenpokal, auf dessen Grund sich die Staubgefäße nicht gleichzeitig, sondern nacheinander zur Reifung emporstrecken.

Die häufig in enger Nachbarschaft mit dem Studentenröslein wachsende *Wiesenkönigin* – auch *Echtes Mädesüß* oder *Spierstaude* genannt –, deren weiße Blütenfülle sich wie Silberschaum über den bis zu 2,5 Meter hohen Wipfel der fast blattlosen Stengel ergießt, gehört zu den Riesengewächsen unseres einheimischen Pflanzenreiches. Den Blüten entströmt ein angenehmer, bittermandelähnlicher Duft, der früher manchen Weinbauer veranlaßte, die Blüten zur Geschmacksverbesserung im Wein eine Zeitlang »ziehen« zu lassen. Der Name Mädesüß

*Wasser- Schwertlilie*

*Gemeiner Gilbweiderich*

*Sumpf-Wolfsmilch*

*Aufrechter Igelkolben*

*Große Mummel*

*Großer Wasserschlauch*

kommt aus dem althochdeutschen Wort »met« und erinnert noch heute an diese Verwendung. Obwohl die Pflanze besonders in ihren Wurzelknollen schwach giftige Stoffe enthält, wurde sie früher nicht nur als Heilpflanze, sondern auch als Wildsalat (aus den Knollen!) hochgeschätzt. Zwischen saftigen Polstern des blaßgrünen Torfmooses, das in der Lage ist, große Wassermengen in seinen offenen Zellen wie ein Schwamm aufzusaugen, und zwischen blauem *Pfeifengras*, aus dem sich früher die Bauern dauerhafte Strohhüte flochten, gehe ich nun hinüber zu einem großen Weiher. Er hat sich einen dicken Kragen aus mannshohem Schilf um seine Ufer gelegt. Vor mir her jagen zwei »verlobte« *Schlankjungfern*; kleegrün und vergißmeinnichtblau sind ihre gertenschlanken Leiber gefärbt. Ich sehe ihnen nach, wie sie mit knisterndem Geräusch hin und her schwenken, sich schließlich am Stengel eines dunkelrot blühenden Blutauges niederlassen und – Hochzeit machen. Die deutlich gestielten schmalen Flügel haben weite fünfeckige Maschen und erlauben dadurch einen mehr segelnden und schwebenden Flug. Ihr hammerförmiger Kopf und ihre übergroßen Glotzaugen flößen Furcht ein, wenn man diese Insekten aus der Nähe betrachtet. Unter der Lupe machen diese Tiere gar den Eindruck von scheußlichen Ungeheuern in einem Horrorfilm. Libellen bewohnen schon viele Millionen Jahre die sumpf- und wasserreichen Moorlandschaften. Ihre Larven führen als graugrüne und borstenbewehrte Scheusale ein monatelanges Räuberleben im Schlamm. Sie können ihre Unterlippe gleich einem Fangnetz vorschleudern und werden damit zum Schrecken aller Kleinlebewesen ihrer moorigen Umgebung. Später klettern die ausgewachsenen Larven am Halm einer Wasserpflanze empor, erstarren an der Luft, und wie eine grüne Frucht bricht die fertige Libelle aus der unansehnlichen Larvenhaut. Auch

Bild 36

*Der Gemeine Gilbweiderich wächst häufig an Gräben und Quellen, in Moorwiesen und Auenwäldern. Die Pflanze wird 50–150 cm hoch und blüht etwa von Mai bis Juli. Die pyramidenförmige Blütenrispe trägt goldgelbe, etwa 2 cm große Blüten*

*Mitten ins Schilf oder auch freischwimmend auf einem Teich baut der Zwergtaucher sein Nest. Gewandt taucht der etwa amselgroße Wasservogel nach kleinen Fischen und Krebsen. Im Frühjahr läßt er ein helles Läuten, ein trillerndes »Bi-Bi-Bi« ertönen* ▶

sie, die Libelle, bleibt ein Räuber, der Jagd auf alle anderen Insekten betreibt und dafür mit den wohl größten Insektenaugen, den fürchterlichsten Kiefern und dem wunderbarsten Flugapparat ausgerüstet ist.

Tiervater Brehm nennt die Libellen die »Falken« unter den Insekten, und dieser Vergleich ist durchaus treffend, denn schließlich handelt es sich bei diesen Tieren um wilde Räuber und ausgesprochene Flugkünstler. Libellen jagen im rasenden Flug über das Wasser, holen jedes fliegende Insekt mit Leichtigkeit ein, töten das Opfer und beginnen es meist schon in der Luft zu verzehren.

Unsere größte Libellenart – Spannweite der Flügel etwa 10 Zentimeter – wird *Teufelsnadel* genannt und ist an den zwei gelblichen Binden im Gebiet der Brust und blauen Flecken in der Rückenmitte und am dritten Hinterleibsring leicht zu erkennen. Sie jagt fast immer einzeln. Die etwas kleinere *Wanderlibelle* oder *Vierfleckige Libelle* tritt bisweilen in Schwärmen auf, die Flüge über große Strecken unternehmen. Alle Libellen sehen ausgezeichnet und überblicken mit ihren großen Netzaugen an ihrem nach allen Richtungen drehbaren Kopf einen verhältnismäßig großen Bereich.

Der Schilfteich, wo sich Frösche und Kröten, Unken und Salamander tummeln, bildet auch das Revier der jugendlichen *Molche*. Die erwachsenen Tiere sind Lungenatmer und verbringen den größten Teil ihres Lebens auf dem Lande unter Steinen, moderndem Laub und Wurzelwerk. Dieses Einsiedlerleben währt etwa vom Frühherbst bis Ende Februar, dem Beginn des Liebesfrühlings dieser Tiere. Nun geht eine erstaunliche Verwandlung mit den Molchen vor sich, die ihre bisherige Trägheit – das mühsame Herumkriechen auf der Erde – mit einem Schlage aufgeben und sich aus unscheinbaren Landbewohnern in farbenprächtige und äußerst bewegliche Wassertiere verwandeln. Das Männ-

Bild 37

*Die Schlankjungfer (hier bei der Paarung) ist eine zierliche Libelle mit vier zarten, metallisch-glänzenden Flügeln, großen, kugeligen Facettenaugen und einem langen, schlanken Körper. Sie fliegt von Mai bis September an Teichen und Bächen und jagt nach kleinen Insekten*

*Die Sumpfstendelwurz ist eine hübsche, 20–50 cm hohe Orchidee unserer Flachmoore und Moorwiesen; sie blüht etwa von Juni bis Juli. Die Blüten, 8–15 mm groß, ordnen sich zu einer einseitigen Traube. Die äußeren Blütenblätter sind bräunlich, die inneren weiß und rotbraun geädert*

Bild 38

chen des *Streifenmolchs* gleicht in seinem bunten Hochzeitskleid einem mittelalterlich aufgeputzten Ritter, der seinen Panzer mit vielfachem Schmuck behängt hat. Über den Rücken des Tieres zieht sich ein scharfgezackter, prächtig aussehender Hautkamm, den Schwanz schmückt ein silberweißes Bändchen, die Bauchseite leuchtet in den Farben der Morgenröte.

In unmittelbarer Nähe des *Wassermolches,* dessen Weibchen in ein schlichtes Gelbbraun gekleidet ist, geht auch der weitaus größere *Kammolch* auf Brautschau. Ich habe schon Exemplare gesehen, die fast 20 cm lang waren. Der Kammolch hat goldgelbe Augen, ist auf seinem Rücken schwarz wie die Nacht, seitlich kreideweiß gepunktet, am Bauch dagegen grell orangegelb. Wie das Wassermolch-Männchen schmückt sich auch das Männchen des Kammmolches während der Paarungszeit mit einem hohen, scharfgezackten Kamm auf Rücken und Schwanz und trägt an den Schwanzseiten einen weißlich-bläulichen, perlmuttfarbenen Streifen. Vor seinem auserwählten Weibchen führt er stundenlange Werbetänze auf und versprüht dabei bestimmte, auf das Weibchen anregend wirkende Duftstoffe.

Jenes Gewächs, das hier am Teich die bunte Vielfalt pflanzlichen und tierischen Lebens erst möglich macht, ist das *Schilfrohr.* Sein mit scharfrandigen Blättern besetzter Halm kann eine Höhe von mehr als drei Metern erreichen und ist damit das größte einheimische Gras überhaupt. Der dicke, seidig behaarte Blütenwedel, der den Schilfwald während des Sommers wie mit einem weichen Fell überzieht, besteht aus einer lockeren Rispe grau-violetter Ährchen. Es bedeutet für mich immer wieder ein großes Erlebnis, wenn ich in hüfthohen Gummistiefeln durch den Dschungel der schier undurchdringlichen Schilfrandzone wate. Man ist dann nur noch von geheimnisvollen Geräuschen, von Gluckern und Plätschern, Rauschen und Raunen,

*Doldige Schwanenblume*

*Moosbeere*

*Blut-Weiderich*

*Dreiblättriger Fieberklee*

Sirren und Singen umgeben. Gleich dunklen Riesenschlangen kriechen die kräftigen Wurzelstöcke des Schilfrohrs durch Schlamm und Schlick, und oben schlagen die lanzenähnlichen Halme mit ihren raschelnden Blättern und den federartigen Blütenbüschen zusammen; sie verbreiten ein beängstigendes Dunkel.
Früher diente das Schilfrohr als Deckmaterial für Bauernhäuser (Reetdach), noch heute verarbeitet man die trockenen Halme zu Rohrmatten. Der kuschlige Blütenflaum wurde als Futterstoff in Matratzen verwendet, aber auch zu schall- und wärmeisolierenden Platten gepreßt.
Schilf, Binsen und ähnliche Gräser erhöhen unaufhaltsam den fruchtbaren Schlammgrund des Rohrwaldes, so daß sich zwischen den Riesengräsern auch etliche Blumenpflanzen ansiedeln können: die weißlich-rosaroten Blütenstände der Sumpfstendelwurz, die rosa Dolden der *Doldigen Schwanenblume* oder *Blumenbinse*, die weißen, innen rotgepunkteten Blütenquirle des *Ufer-Wolfstrapp*, die lilafarbenen Blütchen der *Wasserminze*, die rötlich-weißen, mit gelbem Schlundring verzierten Kandelaber-Blüten der *Wasserfeder*, dem sogenannten *Wasserveilchen.*
Eine der vornehmsten Erscheinungen im wasserreichen Sumpfland ist wohl die *Wasser-Schwertlilie*, die auf meterhohem Stengel ihre goldgelbe Blütenfackel über der grünen Pflanzenwildnis lodern läßt. Als wäre sie eben aus einem Garten oder Treibhaus entsprungen, als hätten Gärtnerkunst und sorgfältige Pflege ihr zu diesem exotischen Kopfputz verholfen, steht sie steif und unnahbar gerade an den unwegsamsten Stellen der Sumpfwasserwelt. Gleichsam der Pfau im Blumenreich, sozusagen die »blaublütige« Schwester der Wasser-Schwertlilie, ist die überaus seltene *Iris* mit ihrer langen, meergrünen Blattschleppe und ihrer tiefblauen, goldgelb und lila geschmückten Blütenkrone.
Aus einer anderen Welt schließlich scheint die *Weiße Seerose* oder *Seelilie* auf unsere einheimischen Gewässer geraten zu sein. Ihre sagenumwobene Blütenschale entfaltet sie häufig inmitten kleinblättriger *Wasserlinsen* (*»Enten-*

Bild 39

*Die Wasser-Schwertlilie wächst an Rändern von Teichen, Seen und Bächen zwischen Schilf und anderen Wasserpflanzen. Sie blüht etwa von Mai bis Juli. Die 8–10 cm großen gelben Blüten bestehen aus je drei äußeren und inneren Blütenblättern grütze*«). Die großen deutschen Märchenerzähler haben sie und die *Gelbe Teichrose* als Mummel- und Nixenblume in die Hand der Feen und bösen Wassergeister gegeben, um die Kinder zu warnen, die den meist im tiefen Wasser wurzelnden Blüten nachstellen und dabei nicht selten verunglücken. Die schwach, aber angenehm duftenden Blüten, die als Knospe am Wurzelstock überwintert hatten, öffnen sich gegen 7 Uhr und schließen sich wieder gegen 17 Uhr.

Der Fruchtknoten der Seerose reift unter Wasser zu einer etwa walnußgroßen, hartschaligen Beere heran, bricht auf und entläßt die dunkelgrünen Samen in einem sackförmigen, schleimigen Mantel, der sich allmählich auflöst. Dann sinken die Samen auf den Grund, wo sie nach ein bis zwei Jahren keimen. Zuerst entwickelt die junge Pflanze zarte Tauchblätter und schiebt anschließend an langen Stielen ihre großen, eingewachsten, tief herzförmig eingeschnittenen Schwimmblätter zur Wasseroberfläche empor. Diese Schwimmblattstengel haben zahlreiche Luftkanäle, in denen der unentbehrliche Sauerstoff schnell und reichlich zu dem im Schlammgrund steckenden Wurzelstock geleitet wird. Früher wurde der Wurzelstock häufig zum Gerben verwendet. In noch größeren Tiefen wurzeln zuweilen die etwas kleineren, kugeligen, dotterblumengelben *Teichrosen*, die übrigens auch wesentlich stärker duften – dafür unangenehmer – als ihre große weiße Verwandte. Die Früchte der Gelben Teichrose schwimmen auf dem Wasser, weil im Fruchtgewebe Luftblasen eingeschlossen sind. Wenn diese nach einiger Zeit entweichen, sinken die Früchte auf den Boden. Manchmal heften sich Samen auch in das Gefieder von Wasservögeln und werden auf diese Weise weiterverbreitet.

Bedauerlicherweise kann die Verbreitung und Vermehrung der zuletzt genannten Wasser- und Moorblumen mit dem Abpflücken und der Sammelwut leidenschaftlicher »Naturfreunde« schon lange nicht mehr Schritt halten. Deswegen sollte in Zukunft mehr denn je darauf geachtet werden, daß uns wenigstens die letzten Reste eines wahrscheinlich unwiederbringlichen Blumenreichtums erhalten bleiben können.

Wenn aber auch die Schäden, die durch mutwilliges und gedankenloses Abreißen, besonders aber durch gewerbsmäßiges Sammeln solcher einzelner – streng geschützter! – Arten entstehen, schmerzlich und in manchen Fällen geradezu erschreckend sind, so will ich doch bei dieser Gelegenheit nicht versäumen, darauf hinzuweisen, daß Umweltveränderungen wie beispielsweise Kultivierung, Drainage, Flußregulierung und Ableiten von Abwässern weit schlimmere Feinde des natürlichen Pflanzenbewuchses darstellen. Gerade die Pflanzenwelt der Bäche, Tümpel und Teiche ist von solchen unverantwortlichen Eingriffen besonders bedroht. Aus diesem Grunde sollten solche Flächen in Zukunft als Ganzes unter Naturschutz gestellt werden.

# Herbst – vom Heidekraut zur Herbstzeitlose

Das *Heidekraut* steht in voller Blüte. An dornigen Ranken glänzen die tiefschwarzen Früchte der *Brombeeren*, und die signalroten Trauben der *Preiselbeeren* hängen schwer an den kleinen Stauden. Gelblich-braune Haselnuß-Sträußchen leuchten aus angegilbtem Grün, und auch *Hagebutten* und *Mehlbeeren* verfärben sich. Es riecht nach Herbst.

Würzig und scharf ist die Luft. Auf silbrig gleißenden Fäden schweben kleine Spinnen im verschleierten Licht der Sonne: Der Altweibersommer webt seine hauchdünnen Netze. Der Volksglaube hielt den Altweibersommer – das sind Spinnfäden, die von verschiedenen, aber meist jugendlichen Spinnen zur Spätsommer- oder Frühherbstzeit ausgestoßen werden – für ein Gespinst von Elfen und Zwergen, oder gar für den von guten Geistern gesponnenen Lebensfaden. In Wirklichkeit handelt es sich um das Werk junger *Wolfsspinnen*, die das ganze Jahr über, ohne feste Nester oder Netze zu bauen, frei im Land umherzigeunern und in jedem passenden Schlupfwinkel auf Beute lauern. Auch die nur 5 mm großen *Krabbenspinnen* sind am Altweibersommer beteiligt.

Sie stellen in ihren Spinndrüsen zunächst nur ein wenig Spinnstoff her und befestigen ihn am Boden oder an einem Grashalm. Dann wird weitergesponnen, bis ein etwa meterlanger, ganz dünner Faden entstanden ist. Nunmehr beißt die Spinne die Befestigung am Boden ab – und bald hat schon der leiseste Wind das nahezu gewichtslose »Fahrzeug« des kleinen Insekts emporgetragen. Es schwebt nun bei ruhigem, sonnigen Wetter einige Zeit in den Lüften dahin, bis schließlich irgendwo die Landung erfolgt. Das für Spinnen eigentlich recht ungewöhnliche Unternehmen einer unter Umständen ziemlich weiten Luftreise ist durchaus sinnvoll. Blieben nämlich alle Krabben- und Wolfsspinnen an ihrem Geburtsort, wo sie fast gleichzeitig mit unzähligen anderen aus dem Ei schlüpften, dann drohte Überbevölkerung ihres Lebensraumes mit allzu vielen Spinnen dieser Art. So aber werden diese Insekten über ein großes Gebiet verteilt – die Natur ist um neue »Einfälle« wahrhaftig nie verlegen.

Noch weitaus bewundernswerter sind die kunstvollen Netze der vielen anderen Spinnenarten, die zwischen Stein und Halm und Zweig und Blüte hängen: raffinierte Insektenfalle, Liebesnest und vielfach auch Kinderstube in einem. Es ist mit Fallstricken, mit Transportwegen und Leitungsdrähten durchsetzt. In seinem Bereich spielt sich manches Drama der Begierde und der Todesangst, des Hungers und der Wut ab.

Die Spinnwarzen liegen am Hinterleib der Tiere. Manche Spinnen haben sieben, die meisten – wie die *Kreuzspinne* – nur sechs. Die Spinnwarzen sind mit Hunderten winziger Spinnröhren besetzt, die sich wie Finger aneinanderlegen und umspielen können. Dadurch ist es der Spinne möglich, das flüssig austretende, an der Luft sofort erhärtende Seidensekret zu einem Faden, wie sie ihn gerade braucht, zu ziehen, zu krempeln, zu zwirnen und zu weben.

Bild 40

*Die Weiße Seerose ist eine bekannte Pflanze seichter, ruhiger Gewässer. Die 9–15 cm großen, auf der Wasseroberfläche schwimmenden Blüten (etwa Juni bis August) haben zahlreiche weiße Blütenblätter, die nach innen allmählich kleiner werden und in Staubblätter übergehen*

Zu den schönsten Spinnweben gehört das Radnetz der *Kreuzspinne*. Ich habe einmal eine solche Spinne zwischen rotköpfigen Disteln beobachtet. Sie spann ihre Fäden erst einmal zu einem dreieckigen Rahmen und ging dann an die mühselige Arbeit des Netzwebens. Von der Mitte des oberen Haltefadens ließ sie sich an einem Faden zum Boden hinunter, verankerte ihn und klomm bis zur halben Höhe wieder hinauf, wob dort eine Radnabe und zog mit trockenen, harten Fäden die Speichen zu den Haltefäden. Dann verband sie von der Nabe aus durch einen Spiralfaden die Speichen bis an den Netzrand. Schließlich spann sie von außen nach innen in Spiralen die eigentlichen Fangfäden, die stark dehnbar und mit einem klebrigen Überzug versehen sind. Beim Verankern gab sie diesen Fäden einen Ruck, worauf sich der Klebstoff in annähernd gleichen Abständen zu Klebetröpfchen zusammenzog. Wie ist es nur möglich, dachte ich bei mir, daß diese Tiere eine so vertrackte Technik beherrschen und ihren Nachkommen vererben!

Da die Spinnen als Raubtiere selbst die eigenen Verwandten fressen und die Männchen meistens kleiner und schwächlicher ausfallen als die Weibchen, scheint es allerdings ein Wunder, daß sich Spinnen überhaupt fortpflanzen. Da die Annäherung an das Weibchen allein schon wegen der oft grotesken Größenunterschiede für das Männchen recht gefahrvoll ist, haben die Männchen einiger Arten, nur um zu überleben, eine sonderbare Liebestechnik entwickelt. Sie pro-

*Die Hagebutte ist eine Frucht der Rose, die bei uns in vielen Arten an Wegen, Waldrändern und Felshängen wächst. Es sind meist ein bis drei Meter hohe, stachelige Sträucher. Die kugeligen bis flaschenförmigen Früchte sind reich an Vitamin C* ▶

duzieren ihre Fortpflanzungszellen bereits vor der Begegnung mit dem Weibchen und stopfen sie später mit ihren Klauen in den Leib der Geliebten.
Noch vorsichtiger geht das Kreuzspinnen-Männchen zu Werke, es »läutet« nämlich bei der Erwählten erst einmal an. Es knüpft dazu einen Faden an ihr Netz, an dem es in bestimmtem Rhythmus zupft. An der Art, wie das Weibchen reagiert, welche Schwingungen es seinerseits über den »Telegrafendraht« aussendet, erkennt das Männchen, wie groß die Gefahr ist, von der Braut gefressen zu werden, oder ob es die Paarung wagen kann. Eine zusätzliche Sicherung baut das Männchen der Krabbenspinne ein. Es nähert sich dem Weibchen sozusagen auf »Zehenspitzen«, wirft ihm dann ganz plötzlich einen Spinnfaden über, spinnt es ein, bis es, in einem »Brautschleier« gefesselt, hilflos daliegt. Und dann macht sich der Spinnenmann über sein gefesseltes Weibchen her.

Aber schließlich will ich mich heute nicht nur mit Spinnen beschäftigen. Ich muß den herrlichen Tag nützen, weil es auch um diese Jahreszeit noch eine Menge zu entdecken gibt. Jenseits der Talmulde zieht ein riesiger Schwarm nachtschwarzer *Rabenkrähen*, streicht niedrig über den Boden rudernd den abgeernteten Feldern zu. Diese dunklen Gesellen sind jetzt immer unterwegs, suchen in hellen Scharen nach Körnern und Käfern. Das Land liegt wie ausgestorben in der matten Septembersonne. Im gelbgrünen Blättervorhang einer Birke schackert eine Elster, hüpft schwer durch die schwankenden Zweige. Auf dem Rübenacker stößt ein knallbunter Fasanenhahn seinen gockenden Warnruf aus, auf dem Stoppelfeld macht ein erschrockener Hase Männchen und flitzt dann wie ein brauner Blitz in die nahe Fichtenschonung. In den Büschen am Wegrand sucht ein Trupp molliger *Dompfaffen* nach reifen Früchten.

Bild 41

*Das Pfaffenhütchen, ein etwa 3–6 m hoher Strauch, wächst häufig an Waldrändern, Hecken und Feldgehölzen. Die jungen Zweige sind vierkantig. Im Mai und Juni öffnen sich die hellgrünen, ziemlich unscheinbaren Blüten mit je 4 schmalen Blütenblättern*

Es belustigt mich jedesmal aufs Neue, wenn ich ein rotbrüstiges Dompfaffenmännchen in den kantigen Zweigen des *Pfaffenhütchens* herumklettern sehe; beide – der Vogel und der Strauch – haben ihre kirchlichen Namen aufgrund ihres auffallenden Aussehens erhalten. Beim Dompfaff ist es die rabenschwarze Kopfbedeckung, beim Pfaffenhütchen die Form des leuchtend rosaroten Samenmantels, der an das Barett eines katholischen Priesters erinnert. Im Frühjahr gehen die unscheinbar weißlich-grün gefärbten Blüten des *Spindelbaumes* oder *Spindelstrauches,* wie das Pfaffenhütchen zuweilen auch bezeichnet wird, im überschäumenden Blumenmeer fast unter. Um so lebhafter prunken im Frühherbst die karmesinroten Samenkapseln, aus denen sich gestielte, orange-gelbe, giftige Samenkerne drängen. Im Frühjahr und Sommer ist der zwei bis drei Meter hohe Strauch, der auch manchmal Baumgröße von sechs Metern erreichen kann, häufig von Spinnennetzen bedeckt. Ihre Erbauer lauern darin auf kleine Fliegen und andere Insekten, die von dem außergewöhnlichen Honigvorrat der kleinen Blüten angelockt werden.

Seit einigen Wochen blüht hier am Wegrain auch der hübsche *Augentrost.* Schlägt man in den botanischen Bestimmungsbüchern nach, dann findet man den Augentrost etwa so beschrieben: »Stengel 5–30 cm hoch, aufrecht, buschig-ästig, Laubblätter eiförmig, beiderseits meist fünfzähnig, Kelchzähne lanzettlich. Krone weiß oder bläulich mit violetten Längsstreifen, Oberlippe gewölbt, Unterlippe mit einem gelben Fleck.« Das ist natürlich sachlich richtig, klingt aber doch für das hübsche Pflänzchen recht trokken. Seit alters her gilt der Augentrost, wie ja schon sein Name andeutet, als Heilmittel für schwache oder kranke Augen. Der Ruhm der Pflanze in der Heilkunde hielt sich bis in die neueste Zeit. Heute wird der Augentrost aber nur noch in der Volksmedizin verwendet, und dort nicht nur bei Augenkrankheiten, sondern gelegentlich auch bei Husten, Heiserkeit, Gelbsucht und Magenschwäche.

Ich frage mich, ob die Heilwirkung des Augen-

Bild 42

*Die Wiesen-Skabiose blüht häufig auf trockenen Wiesen sowie an Wald- und Wegrändern von Mai bis August. Der verzweigte, steifhaarige Stengel mit den rötlich-violetten, etwa 3 cm großen Blütenköpfen wird 30–90 cm hoch*

*Preiselbeere*

*Echte Brombeere*

*Taubenkropf-Leimkraut*

*Wiesen-Augentrost*

trostes tatsächlich vorhanden ist oder ob der Glaube daran nur in alten Überlieferungen wurzelt. Möglicherweise geht die Anwendung dieser meist erst im Spätsommer erblühenden Pflanze auf eine alte Lehre früherer Ärzte zurück, wonach eine Blume schon durch ihre äußere Erscheinung offenbare, gegen welche Krankheit sie wirksam ist: das *Schellkraut* mit seinen gelben Blüten und gelbem Milchsaft gegen die Gelbsucht, der rote Wurzelstock der *Blutwurz* gegen die »rote Ruhr«. Der schlangenförmig gewundene Wurzelstock des *Wiesen-Knöterichs* sollte Schlangenbisse unwirksam machen. In der Zeichnung der Blütenkrone des Augentrostes mit dem gelben Fleck auf der Unterlippe erblickte man das Abbild eines Auges.
Wissenschaftlich nachgewiesen ist indessen, daß das kaum handlange Pflänzchen als sogenannter Halbschmarotzer den Gräsern seiner Umgebung Nahrung entzieht, so daß sie kümmerlicher wachsen und für das Vieh weniger gutes Futter liefern. Tatsächlich behaupten die Bauern, daß Kühe auf Weideplätzen mit viel Augentrost viel weniger Milch geben. In manchen Gegenden muß das Pflänzchen sogar als Wetterprophet herhalten. Man meint nämlich, daß ein schneereicher Winter bevorstehe, wenn der Augentrost im Herbst in großen Mengen erscheint.
Eine der schönsten Wegbegleiterinnen dieser späten Sommertage ist die himmelblaue *Wegwarte* oder *Wilde Zichorie*. Die alte deutsche Schrift von der »Bedeutung der Blumen« hat diese oftmals meterhohe Pflanze, deren zarte Blütenkörbchen meist auf kurzem Stiel zwischen einer Gabelung des rauhhaarigen, harten und drahtigen Stengels sitzen, zum Symbol treuer Liebe erwählt, die sich durch nichts vom rechten Weg abbringen läßt. Die von vielen Dichtern besungene Schönheit dieser Blume mit dem taubenblauen Farbenschmelz ist in den Augen ihrer Bewunderer etwas geschwunden, seit im Jahre 1763 ein Offizier der preußischen Armee entdeckte, daß man aus dem Wurzelstock der Wegwarte einen wohlschmeckenden Kaffee-Ersatz (Zichorie) herstellen kann.
In enger Nachbarschaft mit der Wegwarte wächst

Bild 43

*Das Tüpfel-Johanniskraut ist auf trockenen, mageren Wiesen und Brachäckern weit verbreitet. Die Blütezeit ist Juli bis August. Die Pflanze wird 30–60 cm hoch. Die Blätter enthalten zahlreiche Öldrüsen und erscheinen – gegen das Licht gehalten – wie von Nadelstichen durchlöchert* die blau-violette *Tauben-Skabiose*. Ihre auf halbmeterhohem Stengel thronende Nadelkissenblüte wird wegen ihrer hochprozentigen Nektarquellen von zahlreichen Insekten besucht, besonders von den stahlblauen, rotgefleckten oder gestreiften *Blutströpfchen* oder *Widderchen*, eine träge Schmetterlingsart. Diese Insekten, deren buntes Kleid als Warnfärbung gelten

Bild 44

*Die Dunkle Königskerze ist an Wegen, Ufern, Schuttplätzen oder in Waldschlägen häufig zu finden. Die Pflanze wird 50–100 cm hoch und blüht etwa von Juni bis August. Die hellgelben, 2–3 cm großen Blüten mit violetten, wolligen Staubfäden stehen in dichter, langer Traube*

kann, und die einen öligen, unangenehm riechenden Körpersaft absondern, lassen sich selbst dann nicht aus der Ruhe bringen, wenn die Blüte, auf der sie gerade mit Honigsaugen beschäftigt sind, abgepflückt wird.

Mitten auf dem Feldweg treibt der magere *Vogel-Knöterich* seine winzigen rötlich-weißen Blüten, die in den Achseln der ebenso winzigen Blättchen stehen. In den noch nicht einmal roggenkorngroßen Blüten kann man nur mit der Lupe Staubgefäße und Griffel erkennen. Was an der Pflanze viel mehr auffällt, sind die zahlreichen dichtstehenden Knötchen der fadendünnen Stengel, die von Singvögeln abgepickt werden.

Nicht zu übersehen sind dagegen die aufgeblasenen, mit einem feinen Netz hauchdünner Adern überzogenen Blütenbällchen des *Taubenkropf-Leimkrauts*. An der Spitze des eiförmigen Bauches ist der weiße Blütenkelch scheinbar zusammengerafft und verschnürt, um nur ja keinen Honigdieb durch die fadendünne Öffnung schlüpfen zu lassen. Auch der graubraune Bauch dient wahrscheinlich nur als Schutzmittel gegen bestimmte Arten räuberischer Hummeln, die es gelernt haben, in der Tiefe einer Blüte verborgene Nektarfäßchen durch »Einbruch« anzuzapfen; manche Insekten beißen den Blütenkelch nämlich genau an derjenigen Stelle auf, wo der Honigvorrat verborgen ist. Da ein solcher Diebstahl aber für die Pflanze nutzlos ist, denn die »Einbrecher« nehmen ja auf diesem direkten Wege keinen Blütenstaub mit, hat sich das Taubenkröpfchen mit der Vergrößerung des Hohlraums vor illegalen Honigräubern abgesichert. Die Blume bleibt damit ausschließlich dem Besuch von langrüßligen Nachtfaltern vorbehalten.

*Die Kartoffelkäfer und deren Larven sind gefährliche Schädlinge der Kartoffel. Sie treten oft in Massen auf und fressen dann ganze Felder kahl. Der Kartoffelkäfer wurde vor etwa 100 Jahren von Amerika nach Europa eingeschleppt*

Bild 45

Auf den trockenen Wiesen, die sich bis zum Rande des Waldes ausbreiten, machen sich jetzt auch die tiefblauen kugeligen Köpfe der Teufelskralle bemerkbar. Auf einem etwa 30–50 Zentimeter langen, gewundenen Stiel sitzt eine wie zerschlissene Blütenkrone, die ihre äußeren Röhrenblüten krallenartig nach innen biegt.
Die gewaltige *Rotbuche*, die oben am Hang auf der Grenze zwischen Wiese und Wald steht, hat den heißen, regenarmen Sommer gut überstanden. Das Maiengrün ihrer Blätter verwandelte sich zwar längst in ein stumpfes Flaschengrün; aber von dem leuchtenden Gelb und Rot, mit dem sich der Baum in den Herbstmonaten schmückt, ist jetzt noch keine Spur zu sehen. Auch der behaarte Fruchtbecher, der später mit vier gleichgroßen Klappen aufspringt, hält die beiden scharf dreikantigen, glänzend rotbraunen Samenkerne, die ölhaltigen Bucheckern, noch verborgen. Die Bucheln, wie die Samenkerne auch genannt werden, sind besonders für Wildschweine und Dachse ausgesprochene Leckerbissen, aber auch Eichhörnchen und Eichelhäher tun sich an den Buchenfrüchten gütlich.
Das Alter der Buchen wird häufig überschätzt. Zwar läßt sich der Baum mit dem Wachstum recht viel Zeit, trägt erst nach ungefähr 50 Jahren die ersten Früchte und erreicht erst mit etwa 120 Jahren seine volle Höhe von rund 30 Metern; aber mit 150 Jahren sind die meisten Buchen schon wieder kernfaul und bringen es höchst selten auf ein Alter von 300 Jahren.
Immerhin: Bäume gab es schon 350 Millionen Jahre vor dem Auftreten der ersten Menschen. Ohne diese wunderbare »Erfindung« der Natur wären die riesigen Landmassen unserer Erde vielleicht immer unwirtliche Sand- und Steinwüsten geblieben, von Tieren und Menschen erst gar nicht zu reden.
Eine Vorstellung davon, wie die ersten baumartigen Pflanzen ausgesehen haben, liefern uns Versteinerungen aus einer rund vierhundert

Millionen Jahre zurückliegenden Erdgeschichtsepoche. Es war noch ein ziemlich unansehnliches Gewächs, nur etwa 30 Zentimeter bis einen Meter hoch und keine zwei Zentimeter dick, das weder Nadeln noch Blätter trug. Die Fortpflanzung erfolgte nicht mit Samen, sondern, wie bei den Moosen und Farnen, mit Sporen. Knospen wie bei unseren Blütenpflanzen gab es nicht. Die neuen Triebe kamen als Spiralen aus den Zweigen hervor, die sich dann wie Farnwedel entrollten. Auch echte Wurzeln fehlten; die Wasseraufnahme wurde von fädigen Gebilden am Fuße der Pflanze – Rhizoide genannt – besorgt. Aber diese Vorfahren der Bäume standen immerhin schon aufrecht und reckten grüne Zweige in die Urweltluft, die lange noch nicht so viel Sauerstoff enthielt, wie das heute – glücklicherweise – der Fall ist. Sie wuchsen an den Ufern der Flußmündungen, wo sie vor Flutwellen und der Brandung sicher waren, und fristeten ein kümmerliches Dasein am Rande des völlig unbelebten Festlands. In der damaligen Welt gab es noch keine Insekten, kein Gras, keine Blumen und Vögel. Aber wenn der zwerghafte Urahne auch das Land noch nicht erobern konnte, hat er doch den Grundstein gelegt für die späteren, richtigen Bäume, die später das große Erschließungswerk vollbrachten. »Schon« 50 Millionen Jahre später bildeten die Abkömmlinge dieser baumähnlichen Gewächse Wälder mit zwölf Meter hohen Bäumen, die am Fuß einen Durchmesser von gut einem Meter hatten. Daß die Wälder dann im weiteren Verlauf der Entwicklung ganze Erdteile überzogen, läßt sich bis in alle Einzelheiten an Hand der Kohlelagerstätten verfolgen. Die aus Überresten pflanzlichen Lebens aufgebauten Kohlenflöze zeigen, daß in den Sümpfen der sogenannten Karbonzeit zusammen mit den Urformen der Pflanzenwelt – Farnen, Moosen, Flechten und Schachtelhalmen – auch schon viele verschiedene Arten von Bäumen gediehen. Neben Schnecken, Spinnen, Heuschrecken und anderem kleinen Getier traten die ersten lungenatmenden Wirbeltiere auf.

Als die ersten Baumarten sich statt mit Sporen mit Samen fortpflanzten, begann endlich das unwirtliche Festland seine Lebensfeindlichkeit zu verlieren. Die neuen Waldformen schufen riesige Pflanzen-Oasen, die in ihrem Bereich vor den Stürmen Schutz boten, Feuchtigkeit speicherten und die Voraussetzungen für eine ausreichende Ernährung von Pflanzen und Tieren schufen. Dann begannen sich in den Wäldern wie in einem Brutkasten Insekten und Regenwürmer in Massen zu entwickeln; Vögel erschienen und bauten sich ihre Nester, warmblütige Pelztiere kletterten in den Bäumen umher, wühlten in der Erde und stellten in den Waldlichtungen ihrer Beute nach.

Selbst das Blattgewebe haben manche Tiere als Wiege für ihren Nachwuchs gewählt. Zahlreiche kleine Wespen und Mücken, wie zum Beispiel die drei Millimeter lange *Buchengallmücke*, verfügen in ihrem Legestachel über einen »Zauberstab«, der auf den Blättern von Bäumen und Sträuchern wunderliche Gebilde hervorbringt. Mit dem Einstich in das Pflanzengewebe und mit der Eiablage werden bis heute noch nicht restlos erkannte Wirk- und Wachstumsstoffe eingespritzt, auf die die Pflanzen mit dem Her-

*Freistehend, wie auf unserem Foto, können Buchen bis zu 300 Jahre alt werden und eine Höhe von 45 Metern erreichen. Erst mit rund 50 Jahren wird die Buche »mannbar«, das heißt, sie entwickelt dann Blüten und Früchte, die bekannten Buchecken oder Bucheln* ▶

vorbringen einer sogenannten Galle antworten. Diese Gallen sind nichts anderes als die Kinderwiegen dieser Insekten, in denen ihre Larven wohlgeborgen heranwachsen und von der Pflanze auch noch ernährt werden. Die Pflanzen selbst haben von diesem Zusammenleben keinerlei Nutzen; bei größeren Nahrungsverlusten können sie sogar ernsten Schaden nehmen.

Bild 46

*Die Acker-Glockenblume blüht von Juni bis September an Weg- und Waldrändern, in lichten Eichen- und Kiefernwäldern und auf Äckern. Die Pflanze wird etwa 80 cm hoch. Die großen, blau-violetten Blüten werden hauptsächlich von Hummeln bestäubt*

Ebenfalls keinen erkennbaren Nutzen haben jene Bäume, auf denen die *Mistelbüsche* vor allem während der Wintermonate ein regelrechtes Schlemmerdasein führen. Jeder hat schon einmal auf Laub- oder Nadelbäumen die oft kugelförmigen Haufen entdeckt, die auf den ersten Blick an ein Krähen- oder Elsternnest erinnern. Das goldgrüne, immergrüne Laub »schmückt« die kahlen Waldbäume im tiefsten Winter, und ihre Blüten erscheinen im Februar. Etwa um die Weihnachtszeit reifen die saftigen weißen Beeren. Die schmarotzende Mistel dringt mit ihren Wurzeln tief unter die Rinde der Baumäste ein, um den nährenden Saft aus den Versorgungsröhren der Bäume zu saugen. Im Mittelalter wurden die weißen Früchte zur Herstellung von Vogelleim verwendet, da die saftigen Beeren einen klebrigen Saft enthalten. Die Beeren werden insbesondere von Drosseln gefressen. Die Samen passieren den Vogeldarm unverdaut und werden mit dem Mist der Vögel – deshalb der Name Mistel und *Misteldrossel* – auf den Baumästen wieder ausgesät. Die Mistel spielte in alten Sagen und Märchen eine große Rolle, insbesondere wurde sie von den keltischen Völkern als dämonenabwehrende Pflanze verehrt. Auf diese Gebräuche geht auch der weihnachtliche »Mistelzweig« in England zurück, der dort ebensowenig fehlen darf wie bei uns der Christbaum.

Mit dem Volksaberglauben engverbunden ist auch das waldartig wuchernde *Tüpfel-Hartheu* oder *-Johanniskraut*, das die Waldränder golden färbt. Wenn man die glänzend-gelben Blüten zwischen den Fingern oder auf einem Blatt weißen Papiers zerreibt, werden Finger oder Papier blutrot gefärbt. Dieser Farbstoff rührt von einem roten Harz her, das in kleinen schwarzen Drüsen gespeichert ist und das bei Tieren, die von dem blühenden Kraut gefressen haben, die gefürchtete »Lichtkrankheit« hervorruft. Zu schweren ja sogar tödlichen Vergiftungserscheinungen kommt es allerdings erst dann, wenn sich die Tiere längere Zeit in der Sonne aufhalten.

Lebensgefährlich für den Menschen dagegen ist der Genuß der *Tollkirsche*, die an einer bis zu zwei Meter hohen Staude wächst und an Waldrändern dem Johanniskraut Gesellschaft leistet. Die grünlich-schmutzigbraunen Blüten sehen zwar recht verdächtig aus, aber die reifen, lackschwarzen »Kirschen« laden zum Abpflücken förmlich ein. Der lateinische Name »Belladonna« bedeutet »schöne Frau«; italienische Frauen sollen angeblich die pupillenerweiternde Wirkung des Tollkirschensaftes zuerst erkannt haben und sich durch Einträufelungen ein attraktiveres Aussehen verschafft haben. Eine größere Dosis dieses Saftes führt zum Wahnsinn und zum Tod. Der inzwischen künstlich hergestellte Wirkstoff der Tollkirsche wird heute unter anderem in der Augenheilkunde verwendet.

Wo sich Tollkirsche und Johanniskraut heimisch fühlen, ist meist auch die *Schwarze Königskerze* angesiedelt. Ihr kerzengerader Schaft, der im oberen Teil kantig, im unteren Teil dicht behaart ist, trägt eine schlanke Blütenpyramide. Die zahllosen Einzelblüten sind mit einem blutroten Punkt verziert und enthalten violette Staubgefäße. Der Name Königskerze bezieht sich wahrscheinlich auf den geraden, an ein königliches Zepter erinnernden Wuchs. In diesem Sinne wurde sie als Symbol künftiger Königswürde auf einem Glasfenster des Germanischen Museums in Nürnberg verwendet, das die Gründung eines Kartäuser-Klosters durch den Burggrafen Friedrich von Hohenzollern im Jahre 1381 darstellt. Zu Füßen des Gründers sproßt bedeutungsvoll eine Königskerze.

Unter den filzig-behaarten Blättern der Königs-

Bild 47

*Kopf einer Gold-Fliege: Am auffälligsten sind neben dem Saugrüssel die Facettenaugen. Jedes Auge besteht aus Tausenden mikroskopisch kleinen, sechseckigen Einzelaugen, die sich zu einem halbkugeligen Komplexauge zusammensetzen* kerzen kann man zuweilen orange-gelbe Eierhäufchen entdecken. Aus ihnen schlüpfen nach einiger Zeit fleischrote Larven, aus denen sich wiederum apfelsinengelbe Puppen entwickeln. Der etwa 10 Millimeter große Käfer, der schließlich aus dem Puppenbett kriecht, ist der berühmt-berüchtigte *Kartoffelkäfer*. Ein einziges Pärchen dieses besonders gern an dunkelgrünen Kartoffelblättern fressenden Insekts kann es in einem Sommer auf ungefähr 25 Millionen Nachkommen bringen, die im Larvenstadium ebenfalls über das Kartoffelkraut herfallen. Als dieser Käfer mit seinen orange-gelben Flügeldecken, die durch zehn schwarze Längslinien in ihrer Farbgebung noch verstärkt sind, im Jahre 1823 in Nordamerika entdeckt wurde, war er ein Käfer wie tausend andere: hübsch und ungefährlich. Er lebte ursprünglich auf wilden Nachtschattengewächsen in Amerika und hat sich dann auf die Kartoffel (auch ein Nachtschattengewächs) spezialisiert. Allerdings kann der Kartoffelkäfer auch auf Johannisbeersträuchern, Knöterich und Disteln leben. Als jedoch sein Verbreitungsgebiet von Menschen besiedelt wurde, die auch Kartoffeln auf ihren Feldern anbauten, verließ der Käfer seine ursprünglichen wildwachsenden Futterpflanzen in großen Scharen und begann sich in geradezu verheerender Weise auszubreiten. Kartoffelpflanzen ohne Kartoffelkäfer waren fast nicht mehr denkbar. Anfang dieses Jahrhunderts wurde der kleine Wüstling auch auf deutschen Kartoffeläckern heimisch, die landwirtschaftlichen Verluste gingen in die Millionen. Durch Insektenvernichtungsmittel konnte inzwischen seine Vermehrung gestoppt werden. In den letzten Jahren macht sich bereits wieder eine gewisse Rückwärtsbewegung des Kartoffelkäfers auf andere Nachtschattengewächse bemerkbar.

Bei entsprechendem Futterangebot können sich auch andere »harmlose« Käfer massenhaft ver-

Bild 48

*Der Wiesen-Storchschnabel blüht auf fetten Wiesen und an Gräben von Mai bis August. Er wird 30–80 cm hoch. Die blau-violetten, 2,5–3 cm großen, tellerförmigen Blüten werden häufig von Bienen aufgesucht. Es gibt eine ganze Reihe von ähnlichen Storchschnabelarten*

*Die Marienkäfer verzehren zahlreiche Schild- und Blattläuse. Bei günstigen Bedingungen entwickelt sich das Ei über die Larve zum Käfer innerhalb von drei bis vier Wochen. Bei Gefahr sondern die Tiere einen bitteren und übelriechenden Saft ab, so daß sie von Vögeln selten gefressen werden* ▶

mehren und zur Plage werden. Ein Paradebeispiel bietet der uns allen bekannte Marienkäfer. Die milde Witterung im Sommer 1973 hatte vor allem in Südschweden die Entwicklung der Blattläuse derart gefördert, daß die Marienkäfer, die sich in der Hauptsache von den »süßen« Blattläusen ernähren, »nachzogen«. In Millionenheeren sind Marienkäfer über die Ostseeinsel Oeland hergefallen, flogen und krabbelten überall: im Freien, in den Wohnungen und in den Campingzelten. Wie ein Hagel winziger Geschosse prallten sie auf die in der Sonne bräunenden Gesichter der Feriengäste, krabbelten in Scharen über die Rücken und in den Haaren, schwammen zu Dutzenden in Suppentellern und Kaffeetassen. Und sie bissen mit ihren scharfen Mundwerkzeugen kräftig zu. Da die roten, schwarzgepunkteten Käferchen eine übelriechende Flüssigkeit absondern, entwickelte sich ein unvorstellbarer Gestank. Die Urlauber, von der Rieseninvasion der Zwerge überrascht, völlig hilf- und ratlos, flohen auf das Festland, um nicht länger als Bäume und ihre Rinde – wie ein Verhaltensforscher die Beißgelüste der *Marienkäfer* zu erklären suchte – herhalten zu müssen.

Jedes Ding, jedes Tier, auch jede Pflanze hat eben zwei Seiten. Und jede übermäßige Verbreitung einer Art macht sie zur Plage. Die *Rapunzelartige Glockenblume* beispielsweise, die mit ihren bis zu drei Zentimeter großen halbvioletten Glockenblüten das Herz jedes Naturfreundes höher schlagen läßt, macht dem Landwirt, wenn sie in Wiesen oder auf Äckern in größeren Beständen auftritt, ernste Sorgen. Ihre kriechenden Wurzelausläufer sind nämlich nur sehr schwer unter Kontrolle zu halten.

Auch die *Eselsdistel* gehört nicht zu den Lieblingspflanzen der Bauern. Ihre purpurroten Blütenköpfe tragen einen runden, nach allen Seiten spitzstacheligen Kelchkorn voller engzusammengefaßter, langer Röhrenblüten, die in der Regel von langrüsseligen Schmetterlingen befruchtet werden. Außer den Faltern wird die Eselsdistel aber auch von metallisch-schillernden *Tanzfliegen* geschätzt, die in dem tiefen Kelch-

Bild 49

*Die Wiesen-Flockenblume, eine auf Wiesen und an Wegrändern häufig vorkommende Pflanze, wird 30–80 cm hoch und blüht den ganzen Sommer über (Mai bis Oktober). Die violett-roten, 4–5 cm großen Blütenköpfe tragen Randblüten ohne Blütenstaub; sie dienen zum Anlocken von Insekten*

korb vor allem in den frühen Vormittagsstunden nach Tau suchen, der sich über Nacht in der Vertiefung abgesetzt hat. Hin und wieder laben sich auch *Blumenfliegen* in der Taugrube. Ihr Kopf besteht vor allem aus zwei starren Facettenaugen, mit denen die Fliegen, ohne den Kopf zu bewegen, fast nach allen Seiten gleich gut sehen können. Das ist bei einer Trinkpause auf der Eselsdistel besonders wichtig; denn ein wachsamer Gast ist hier der knallbunte *Stieglitz* oder *Distelfink*. Im Hochsommer und Frühherbst hängen oftmals drei bis vier dieser märchenhaft schönen Vögel an einem einzigen Distelkopf.
Mit spitzen Stacheln schützt sich auch der Stechapfel gegen den Fraß durch Weidetiere. Aber damit nicht genug.
Eine fast acht Zentimeter lange schneeweiße Trichterblüte, die vor allem in den Abendstunden einen berauschenden Duft verströmt (Nachtfalter!) läßt fast vergessen, daß die Pflanze ein ungewöhnlich wirksames Gift enthält, das über schwere Rauschzustände zu tödlichen Lähmungen führen kann. Trotz der stacheligen Kapselfrucht und den scharf-gezähnten Blättern hat der Stechapfel übrigens nichts mit der wehrhaften Familie der Disteln zu tun.
Auf meinem letzten Spaziergang durch das farbige Blütenjahr begegne ich noch einer ebenso schönen wie merkwürdigen Blume. Es ist der halbmeterhohe *Wiesen-Storchschnabel.* Er zeigt dem Betrachter an seinem seidig-behaarten Stengel von der geschlossenen Blütenknospe über vollerblühte Blumenkelche, die noch nicht bestäubt sind, sowie über solche, die mit hängenden Köpfchen die von Insekten vorgenommene Betäubungsprozedur anzeigen, bis zu den storchenschnabelähnlichen Samenkapseln das Schaubild einer kompletten Generationenfolge.
Die bis zu vier Zentimeter großen, blau-violetten Blütenschalen bilden vor allem im Frühherbst, wenn die Blütezeit der meisten Pflanzen längst vorüber ist, immer wieder eine Augenweide.
Bis weit in den Herbst hinein blüht auch die unermüdliche und vielgestaltige *Wiesen-Flockenblume.* Dabei beginnt sie vielfach schon im Juni zu blühen! Der bis zu 80 cm hohe Blütenstengel

Bild 50

*Die Herbstzeitlose, eine sehr giftige Pflanze auf Wiesen und in Auwäldern, blüht von August bis Oktober. Zu dieser Zeit sind nur die blaßvioletten, 5–20 cm hohen Blüten sichtbar. Die 20–40 cm langen Laubblätter mit der Fruchtkapsel erscheinen erst im darauffolgenden Frühjahr*

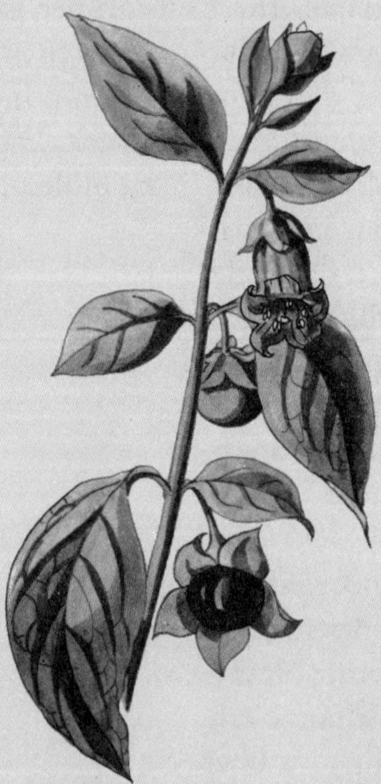

*Schwarze Tollkirsche*

*Acker-Glockenblume*

*Tauben-Skabiose*

mit dem distelartigen Blütenstand wechselt während der bis zu 5 Monate dauernden Blütezeit mehrmals Form und Farbe. Das tiefe Purpur im Juni kann im späten Oktober einem elfenbeinernen Weiß gewichen sein. Das graue »Schläfenhaar« erinnert dann an den Herbst allen Lebens.

Die bekannteste aller Herbstblumen, die *Herbstzeitlose*, schafft ihre so nahe an den Winter reichende Blütezeit nur mit einem Kunstgriff, mit dem sie die Jahreszeiten einfach auf den Kopf stellt. Nach der Bestäubung der rosa- bis blaßviolettfarbenen Blüten muß der Fruchtknoten nicht wie bei anderen Blütenpflanzen Samen herausreifen. Dafür nämlich bliebe der Herbstzeitlosen gar keine Zeit mehr. Vielmehr sinkt der frostbeständige Fruchtknoten in die Erde, überwintert und läßt sich erst im Frühjahr von den großen tiefdunkelgrünen Blättern emporheben. Jetzt erst entwickelt sich die große Samenkapsel der Pflanze. Die Blätter sammeln die Säfte für die späte Blüte in einer Knollenzwiebel und sterben noch vor der Blüte ab. Vorher aber haben sie das Weidevieh vom Fressen abgehalten. Kühe sind von dem giftigen Kraut, dessen Saft bei Menschen tödlich wirken kann, nicht sonderlich begeistert. Deshalb reißen die Bauern vielerorts die unerwünschte Pflanze mit ihren derben Blättern kurzerhand aus den Viehweiden heraus. Im getrockneten Zustand dagegen, also im Heu, scheint die Pflanze dem Vieh nicht mehr zu schaden.

Mit der Herbstzeitlosen beenden wir unseren Spaziergang durch's bunte Blumenjahr. Noch schenkt uns die Natur eine Überfülle von Lebensformen. Jedes Wesen – sei es ein mikroskopisch kleiner Ruderschwanzkrebs, ein kreisender Raubvogel oder auch nur eine Blume am Waldrand – nimmt seinen Platz in der großen Gemeinschaft ein, die wir Leben nennen. Auch wir Menschen gehören dieser Gemeinschaft an, und wir werden immer auf sie angewiesen bleiben. Ohne Pflanzen ist jede tierische und menschliche Existenz auf unserem Raumschiff Erde unmöglich. Aber nur wir Menschen können diese Zusammenhänge wahrnehmen. Deshalb sind wir auch verpflichtet, alles Leben – und sei es nur das stumme Leben einer Blume – zu erhalten und zu schützen.

# Schlußwort

Vielfältig und erlebnisreich kann ein Streifzug durch die Natur sein. In diesem Buch sind viele Beobachtungen und Erlebnisse in Feld, Wald und Flur geschildert worden. Aber zu groß ist die Zahl aller Pflanzen und Tiere, als daß sie in einem Werk wie diesem vollständig behandelt werden konnten.

Die zahlreichen Beispiele genügen, um Anreiz und Anleitung zum Wandern, zum Schauen und zum Entdecken in der Natur zu geben. Bald wird der eine oder andere von uns ein Gespür dafür bekommen, wo noch viele Vogelarten oder seltene Pflanzen anzutreffen sind. Leider wird man auch erkennen, wie verarmt und eintönig die Natur stellenweise geworden ist, wenn man zum Beispiel durch einen Fichtenforst geht, in dem die Baumstämme in gleichen Abständen Zeile für Zeile angeordnet stehen, oder in dem die Sträucher und Kräuter fehlen und am Boden nur tote Nadelstreu liegt. Oder wenn man durch ein entwässertes, trockengelegtes Wiesental wandert, in dem kaum noch blühende Kräuter, sondern nur wenige Arten von wirtschaftlich interessanten Gräsern vorkommen. Rasch wird man auch einsehen, was der Bau einer Straße, einer Siedlung oder einer Fabrikanlage auf einem scheinbar öden Heideboden oder auf einem steppenartigen, steinigen Wiesenhang zerstören kann, wenn dadurch viele, seltene Pflanzen wie Adonisröschen, Enzian oder Küchenschelle vernichtet werden.

Erst vor kurzem wurde für Bayern eine Liste aufgestellt, in der alle Pflanzen aufgeführt sind, die entweder ausgestorben oder vom Aussterben bedroht sind. Von rund 2000 Blütenpflanzen sind nahezu 600 Arten gefährdet. Verhältnismäßig klein ist die Zahl der Blumen, die durch Pflücken und Sammeln gefährdet sind: beispielsweise so schöne, attraktive Blumen wie Frauenschuh,

Edelweiß, Türkenbund, Enzian und viele Orchideen-Arten. Übrigens gibt es eine entsprechende Liste der bedrohten Vogelarten. Rund ein Drittel unserer heimischen Vögel sind gefährdet, weil die Zahl ihrer natürlichen Lebensräume immer geringer wird. Es genügt einfach nicht, eine seltene Pflanze oder ein seltenes Tier zu schützen. Wichtig ist der Schutz der Standorte und Lebensräume, zum Beispiel eines Teiches, eines alten Eichenwaldes, einer Wiese, eines Hochmoores, einer Heidefläche oder eines Trockenhanges, wenn man die Pflanzen- und Tierwelt am Leben und die Schönheit der Natur erhalten will.

Dr. Thomas Schauer

# Register der Pflanzen und Tiere

# Literaturhinweise

Für die sichere Bestimmung unserer Pflanzen und Tiere
sowie zur weiteren Beschäftigung empfehlen wir folgende Bücher:


**Franckh'sche Verlagshandlung, Stuttgart**
**Kosmos-Naturführer:**

D. Aichele
**Was blüht denn da?**
1200 farbige Zeichnungen

Felix/Toman/Hisek
**Der große Naturführer**
Unsere Tier- und Pflanzenwelt
1193 Abbildungen in Farbe

Bruun/Singer/König
Der Kosmos-Vogelführer
**Die Vögel Deutschlands und Europas in Farbe**
516 Farbbilder
448 Verbreitungskarten

Walter Cerny
**Welcher Vogel ist das?**
Ein Bestimmungsbuch für Vogelfreunde
790 farbige Illustrationen,
235 Flugbilder, 336 Verbreitungskarten,
64 Farbfotos, 44 Vogelsilhouetten

Dr. Georg Stehli/Prof. Paul Brohmer
**Welches Tier ist das?**
Säugetiere
184 Abbildungen, 64 Fotos

Aichele/Schwegler
**Die Natur im Jahreslauf**
120 Farbfotos, 54 Zeichnungen

Engelhardt/Merxmüller
**Was lebt im Tümpel, Bach und Weiher?**
420 Abbildungen

Dr. Heinrich Frieling
**Was fliegt denn da?**
900 Abbildungen

**BLV Verlagsgesellschaft mbH, München:**

Polunin
**Pflanzen Europas**
1088 Farbfotos

Schauer/Caspari
**Alpenpflanzen - Alpentiere**
über 700 Pflanzen, Tiere, Steine und Mineralien farbig abgebildet

BLV-Naturführer
**Pflanzen und Tiere**
mit 1500 farbigen Abbildungen

Weitere Literaturhinweise:

Helmut Fürsch
**Natur um uns**
Keyser'sche Verlagsbuchhandlung, München

Karus Sterne/Aglaia von Enders
**Unsere Pflanzenwelt**
Safari-Verlag, Berlin

Peterson/Montfort/Hollom
**Die Vögel Europas**
Parey Verlag, Berlin

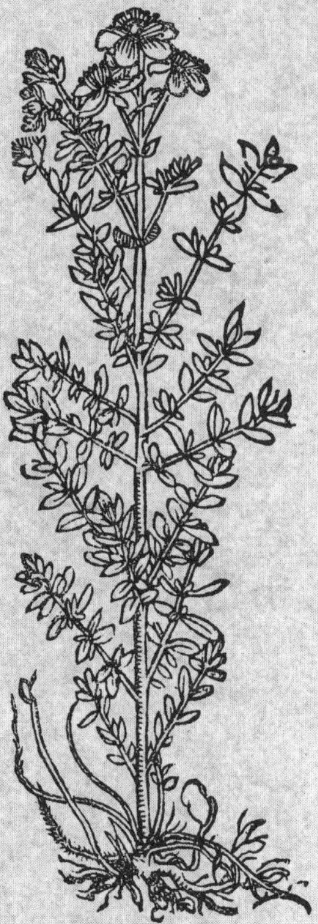

S. Johanns Kraut

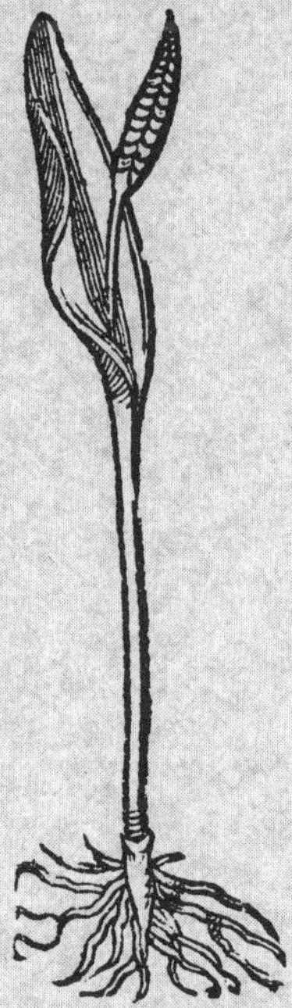

Naterzünglin

Ackeley

Hartheu

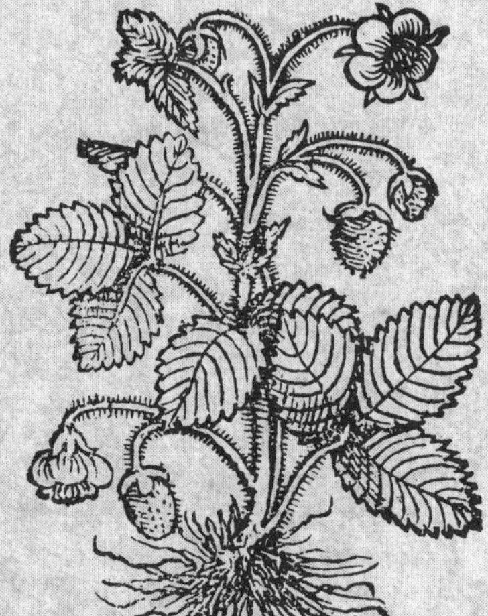

Erdbeer

Weiß Hirtzwurtz

Kuchenschell

## Bildquellen

Die Holzschnittmotive auf dem Vor- und Nachsatz wurden dem Kräuterbuch von Adam Lonicers aus dem Jahre 1679 entnommen.

Farbfotos im Innenteil und Sammelbilder:
Krischel (39), Dr. Schauer (18), Disser (4), Bormann-Bavaria (1), Ziegast (1)